rororo sprachen
Herausgegeben von Ludwig Moos

Marcher comme sur des roulettes – wie am Schnürchen laufen sollte Ihre Verständigung mit den Franzosen, wenn Sie *Flüssiges Französisch* intus haben. Denn erst mit dem Verstehen und Gebrauchen bildhafter Idiome beginnt man, sich in der Fremdsprache frei zu bewegen. *Flüssiges Französisch* präsentiert die wichtigsten Redensarten und Wendungen gleich dreifach: im Kontext griffiger Dialoge und unterhaltsamer Kurzgeschichten, in lockeren Übungen zum Aneignen und systematisch verzeichnet zum gezielten Nachschlagen.

Nach dem gleichen Muster sind erschienen:
Flüssiges Englisch (rororo sprachen 61183), *Flüssiges Italienisch* (rororo sprachen 61185), *Flüssiges Spanisch* (rororo Sprachen 61186)

Robert Kleinschroth / Anne-Laure Maupai /
Dieter Maupai

Flüssiges Französisch

Mit Redensarten zu mehr Eloquenz

Illustrationen Mathias Hütter
Buchkonzept Christof Kehr

Rowohlt Taschenbuch Verlag

IMPRESSUM

2. Auflage April 2003

Originalausgabe
Veröffentlicht im
Rowohlt Taschenbuch Verlag GmbH,
Reinbek bei Hamburg, August 2001
Copyright © 2001 by Rowohlt Taschenbuch Verlag GmbH,
Reinbek bei Hamburg
Umschlaggestaltung und Illustration Britta Lembke
Layout Iris Christmann/Alexander Urban
Satz Times und Futura Postscript
QuarkXPress 4.0
Gesamtherstellung
Clausen & Bosse, Leck
Printed in Germany
ISBN 3 499 61184 8

INHALT

M *onsieur Leroi est toujours tiré à quatre épingles bienqu'il tire le diable par la queue.* Sie kennen vielleicht jedes Wort, dennoch haben Sie wahrscheinlich nicht alles verstanden. Hier wird weder über den Teufel und seinen Schwanz noch über Nähnadeln gesprochen, sondern über einen elegant gekleideten Herrn, der in argen finanziellen Nöten ist.

Wenn Wortschatz und Grammatik die Pflicht sind, so ist Idiomatik die Kür des Sprachenlernens. Den ersten Schritt haben Sie soeben getan, und bei den weiteren hilft Ihnen dieses Buch. Doch bevor wir über Ihren Trainingsplan sprechen, sollten Sie sich zuerst mit dem Aufbau dieses Lese-, Lern- und Nachschlagebuches vertraut machen.

Il ne faut pas mettre la charrue avant/devant les bœufs – man soll das Pferd nicht von hinten aufzäumen. Lassen Sie uns dennoch mit unserem Glossaire beginnen. Es ist praktisch und benutzerfreundlich und enthält rund 1500 Redewendungen der Umgangssprache zum **Nachschlagen.** Anders als die meisten Wortschatzlisten ist es nicht nach formalen, sondern nach inhaltlichen Gesichtspunkten aufgebaut: Wie spricht man über Pleiten, Pech und Pannen, mit welchen Redewendungen belegt der Franzose Freund und Feind? Hier finden Sie idiomatische Redewendungen, die Sie für bestimmte Themen und Situationen des Alltags brauchen.

Fünfzehnhundert? *Ce qui est trop est trop* – was zu viel ist, ist zu viel! Deshalb haben wir aus diesen circa 1500 Redewendungen zum **Lesen und Lernen** um die 350 bildhafte Idiome ausgewählt, kurze Texte dazu geschrieben und Übungen zusammengestellt, die ihre Bedeutung und ihren Gebrauch veranschaulichen.

Damit Sie nicht sagen müssen: *j'ai eu les yeux plus grands que le ventre* – meine Augen waren größer als mein Magen, servieren wir Ihnen diese 350 Redewendungen in kleineren Lernhappen, in neun unterhaltsamen Kapiteln. Blättern

Sie doch einmal das erste Kapitel an. Die Spezialität des Hauses, um im Bilde zu bleiben, sehen Sie auf einen Blick: Zwei bildhafte Redewendungen – es sind die besonders gebräuchlichen – werden auf jeder Seite hervorgehoben und gleich übersetzt.

Jedes Kapitel steht unter einem bildhaften Leitmotiv (Tierwelt, Werkzeug, Nahrungsmittel ...). Die beiden thematischen Redewendungen sind Kernstücke der Texte. Weil sie bildhaft sind, prägen sie sich besonders gut ein. Die Redewendungen, die nicht zum Leitmotiv gehören, sind durch Sternchen gekennzeichnet. Sie sind im *Vocabulaire* zu jedem Kapitel übersetzt.

Ein Wort zu den Texten: Dialog, Zeitungsartikel, Leserbrief, Biographie, Witz und Märchen ergeben eine abwechslungsreiche Kost. Abwechslungsreich sind auch unsere Übungen: *mots croisés, carrés magiques, histoires drôles* und traditionellere Übungsformen haben wir, wo immer möglich, in einen thematischen Rahmen gestellt.

So können Sie mit diesem Buch arbeiten: Lesen Sie zuerst die Texte (1, 3, 5 ...) auf der oberen Seitenhälfte und prägen Sie sich die beiden hervorgehobenen Redewendungen mit ihren deutschen Entsprechungen ein. Unbekannte Wörter finden Sie in dem chronologischen Wörterverzeichnis nach dem letzten Text des Kapitels. Nach einer Pause nehmen Sie sich die Texte auf der unteren Seitenhälfte vor (2, 4, 6 ...). Die beiden Redewendungen sind nun Wiederholung.

C'est en forgeant qu'on devient forgeron – Übung macht den Meister. Also nehmen wir uns jetzt die Exercices vor und üben ein wenig. Jede Redensart wird mehrfach abgefragt. Sollte Ihnen ein Wort unbekannt sein, finden Sie es wahrscheinlich im Vokabelverzeichnis direkt vor dem Übungsteil. Die Lösungen zu den Aufgaben stehen im Anhang.

D'un coup d'œil – auf einen Blick – können Sie sich vor oder nach den Übungen einen Überblick über alle Redewendungen des Kapitels verschaffen. Sie finden sich thematisch geordnet am Ende eines Kapitels. Testen Sie Ihr Gedächtnis! Wie viele können Sie *par cœur* – auswendig, wie viele können Sie übersetzen?

Und noch eins. Kennen ist nicht gleich Können. Sie verstehen nun einige hundert Redewendungen, jedoch Vorsicht beim Anwenden. Idiomatische Ausdrücke erhalten ihre genaue Bedeutung oft erst durch den Zusammenhang, in dem sie gebraucht werden. Deshalb kann es sein, dass Sie im *Glossaire* manche Redewendung in verschiedenen Rubriken mit unterschiedlicher Übersetzung finden werden. Lassen Sie aus diesem Grund Vorsicht walten. Beherzigen Sie unseren Rat:

Si vous voulez que tout marche comme sur des roulettes – wenn Sie möchten, dass alles wie geschmiert läuft, *si vous ne voulez pas mettre les pieds dans le plat* – wenn Sie nicht ins Fettnäpfchen treten wollen, *n'oubliez pas qu'il faut tourner sa langue sept fois dans sa bouche avant de parler* – vergessen Sie nicht, dass man es sich dreimal überlegen sollte, bevor man den Mund aufmacht.

MANGER ET BOIRE

1 Léon dans le pétrin*

Cher oncle,
Si je t'écris aujourd'hui, c'est que *je suis dans la panade*. J'ai perdu mon travail et je suis obligé de jouer du saxophone dans le métro. Ce n'est pas ça qui *met du beurre dans les épinards*, mais ça m'évite de sombrer. Mon père ne veut pas m'aider. Il dit que je dois me débrouiller seul et qu'il est occupé par sa nouvelle amie.
Peux-tu faire quelque chose pour moi?
Je te remercie à l'avance et t'embrasse affectueusement.[2]
Ton neveu Léon

2 Chez nous on tire le diable par la queue [6]

Je m'appelle Momo. A la maison, on n'est pas riche. Mon père est au chômage et ma mère ne travaille pas. C'est souvent qu'*on est dans la panade* à la fin du mois. Et on doit s'éclairer à la bougie parce qu'on nous coupe l'électricité. Mon frère va encore à l'école, mais le soir, tous les deux, on pique[3][4] des trucs qu'on revend aux copains. Ça *met du beurre dans les épinards*.[5] Ma sœur, elle, *elle n'a pas inventé le fil à couper le beurre*. Elle est un peu naïve et elle croit tout le temps que les gars qui lui tournent autour vont l'épouser. C'est *un vrai cœur d'artichaut*.[1]

1) avoir un cœur d'artichaud
sein Herz leicht verschenken
ein Herz für viele:
ein weites Herz haben

2) herzliche Grüße und
Küsse; herzlichst
affectueux, euse
liebevoll, zärtlich

3) h: klauen
stibitzen
4) Sachen

Wörter
siehe unten

Wörter
siehe Voca-
bulaire
S. 18 ff

5) c'est du beurre dans
ses épinards
das ist Wasser auf se
Mühlen

6) in dürftigen Ver-
hältnissen leben

être dans la panade
in der Tinte sitzen, dreckig gehen
in Not sein
(Brotsuppe)

mettre du beurre dans les épinards
den Kohl fett machen
(Spinat)

L'oncle Jacques a une idée

3

Cher Léon,

Je suis désolé que tu aies des problèmes, mais je crois avoir une solution à te proposer. Tu sais que j'ai un magasin d'antiquités ici, aux Etats-Unis. Les meubles anciens *se vendent comme des petits pains* et le commerce, *c'est du tout cuit* avec les Américains. J'ai justement besoin d'un vendeur. Alors si tu veux venir, je t'embauche. Qu'en penses-tu?

Ton oncle Jacques

Ma vie de voleur à la tire

4

Quant à moi, je suis *haut comme trois pommes**, mais je me débrouille bien pour mes 13 ans. Je pique des T-shirts de marque dans les grands magasins: *ça se vend comme des petits pains* sur le marché. Ou bien on pique les sacs à main des femmes qui font leurs courses. L'autre jour j'ai vu une vieille qui posait son sac dans son chariot pour prendre une boîte de conserve. *C'était du tout cuit** pour moi. J'ai embarqué le chariot avec le sac et j'ai filé en vitesse.

1) tief betrübt
untröstlich
es tut mir leid

4) öde, trostlos

se vendre comme des petits pains
wie warme Semmeln weggehen
reißenden Absatz finden

c'est du tout cuit
das kann gar nicht schief gehen
(gar gekocht)
das ist ee ganz sichere
Sache

5

Léon reprend espoir

Cher Oncle Jacques,

Ta proposition tombe vraiment bien. *Je n'ai pas un radis* et *j'en ai soupé de* cette vie de clochard. Je trouve formidable que tu veuilles m'aider et ce que tu me proposes est une véritable aubaine. Je suis tout prêt à tenter cette aventure. Donne-moi un peu de détails sur ce que tu fais et dis-moi quand je pourrais commencer.

A bientôt. Je t'embrasse.

Ton neveu Léon

6

Qui suis-je?

Quand j'ai ouvert le sac, *il n'y avait pas un radis.* Tout ça c'était *pour des prunes**. Et puis, au fond du sac, j'ai vu une lettre toute jaunie. Je l'ai ouverte, je l'ai lue … je suis *resté bouche bée.** J'ai lu une deuxième fois et là … j'ai appris qui j'étais!

Sans blagues, je n'étais pas Momo, le fils des Dupuis. Non, j'étais le petit fils de la vieille. J'ai tout de suite compris qu'à partir de maintenant, j'allais vivre *comme un coq en pâte**.

Je suis rentré très vite à la maison annoncer la bonne nouvelle. Ils étaient tous *beurrés comme des petits Lus** et ça les a fait rigoler. Ils ne voulaient pas m'écouter. *La moutarde m'est montée au nez** et j'ai crié que *j'en avais soupé de leur bêtise** et que j'allais les quitter.

1)

1) Spaß, Jux machen
lachen
on a bien rigolé
es war s lustig
was haben wir gelacht
tu rigoles
du machst (wohl) bitze
das ist doch nicht dein Ernst

ne pas avoir un radis
keinen Pfennig haben
(Radieschen, Rettich)

en avoir soupé de quelque chose
die Nase von etwas voll haben
(zu Abend essen)

!

13

Un rêve américain réalisé

7

Cher Léon,

Quel enthousiasme dans ta dernière lettre, ça me fait vraiment plaisir. Prépare-toi donc à faire partie du *gratin* new-yorkais. En quelques mois je suis devenu ici *une grosse légume** et les gens qui me côtoient me doivent le respect. Pour toi il en sera de même.

Prends des cours d'anglais en attendant que je m'occupe de tes papiers.

A bientôt,

Oncle Jacques

Mauvaise plaisanterie à la clinique

8

Du coup, ils se sont calmés, mon père a mis ses lunettes et a lu la lettre. C'était une lettre de l'infirmière qui travaillait à la clinique où je suis né: le petit fils de la vieille est né le même jour que moi et l'infirmière avait fait l'échange de nos bracelets pour rigoler.

Aujourd'hui, elle avait honte et avait *mangé le morceau** en écrivant à la vieille.

Le fils de cette femme, mon père donc, était *une grosse légume*. J'allais faire partie du *gratin de la société*.

Mon autre père, c'est-à-dire M. Dupuis, essayait de savoir quel serait le meilleur parti à en tirer. Ma mère était *tombée dans les pommes** en apprenant que je n'étais pas son fils et mon frère essayait comme d'habitude de *mettre son grain de sel**.

le gratin (de la société)
die oberen zehntausend
(überbackenes Gericht)

une grosse légume
ein hohes Tier
(Gemüse)

9 **Derniers préparatifs et grandes espérances**
Cher oncle,

J'ai suivi tes conseils et me voilà inscrit à un cours d'anglais. Je suis retourné voir mon père la semaine dernière. Il est *tout sucre, tout miel* avec moi depuis qu'il sait que je vais *avoir de l'oseille*! Tout à coup, je suis son fils bien aimé.

En ce qui concerne les formalités pour venir en Amérique, j'ai encore quelques problèmes ici, ce qui risque de retarder ma venue. Mais je garde ma bonne humeur.

Affectueusement,

Léon

10 **Vivre comme un coq en pâte***
Mon frère, *il fourre son nez partout.**

«On va *faire de l'oseille* avec cette histoire?» m'a-t-il demandé.

«*Occupe-toi de tes oignons!**» je lui ai dit. «C'est moi, l'enfant échangé, pas toi!»

«Bon, alors,» a repris mon père, «je vais lui téléphoner, au bourgeois, moi. *On va défendre notre bifteck*!* Vous allez voir ça!»

Quelques jours plus tard, j'étais chez les De Causse. On était dix à table. *Belle brochette** de gamins bien élevés. Les parents *pédalaient un peu dans la choucroute**, mais ils étaient *tout sucre, tout miel* avec moi et avaient raconté aux autres qu'ils m'avaient adopté.

*1) übertrieben freundlich
Ratten-, Scheiß-freundlich*

être tout sucre, tout miel
zuckersüß, honigsüß sein

avoir de l'oseille
Mäuse / Zaster / Moneten / Knete haben
(Sauerampfer)

11 **Paperasserie administrative**

Cher Léon,

Je sais bien que l'obtention de la «green card» *n'est pas de la tarte*, mais insiste auprès de l'administration pour l'avoir dans les plus brefs délais, car j'ai besoin de toi rapidement. Si tu ne pouvais pas venir, ce serait *la fin des haricots*, car j'ai tout réorganisé en fonction de ta venue. Fais pour le mieux, je te joins un billet d'avion.
Oncle Jacques

12 **Mettre un peu d'ambiance***

Mes parents, enfin ex-parents, avaient obtenu un bon prix en acceptant de renoncer à reprendre mon frère, enfin l'autre enfant échangé.
Tout allait bien jusqu'à ce que je *jette un peu d'huile sur le feu*,* histoire de m'amuser parce que les bourgeois, *ce n'est pas de la tarte*. *Ils ont du blé*,* mais ils s'ennuient ferme. Un jour, j'ai annoncé à 'mon frère' Louis qu'il n'était pas le fils de ses parents. Sur le coup *ça a été la fin des haricots* pour lui. Il a eu du mal à *avaler la pilule*.*

ce n'est pas de la tarte
das ist kein Sahneschlecken (Torte)

c'est la fin des haricots
jetzt ist alles im Eimer (Bohnen)

13 **Ça y est**

Mon cher oncle,

Ça y est, j'arrive mardi prochain. J'ai tous mes papiers. D'abord personne ne voulait me les donner parce qu'il me manquait ma carte de sécurité sociale. Les employés *en faisaient tout un plat* et voulaient que je recommence toutes les démarches. J'ai rencontré heureusement un ancien camarade de classe qui travaille dans les bureaux de l'immigration et qui m'a tout obtenu en un temps record. Encore une semaine et on *cassera la graine* dans un bon restaurant de Manhattan. C'est génial!

A bientôt donc,

Léon

14 **Tout est bien qui finit bien**

Il hurlait que ce n'était pas vrai. *Il en a fait tout un plat* et est tombé malade. Mais comme je dis, *on ne peut pas faire d'omelette sans casser les œufs**.

Au bout d'un certain temps, tout est rentré dans l'ordre et *j'ai mis de l'eau dans mon vin**.

Maintenant, je vis chez mes vrais parents, les De Causse, mais je rends visite aux autres tous les dimanches. On *casse la graine* ensemble et de temps en temps, je leur apporte un objet de valeur pour qu'ils puissent le revendre et *avoir un peu de fric**.

en faire tout un plat
eine Staatsaffäre, einen Aufstand machen wegen
(Gericht, Speise)

viel Lärm, Geschrei um e. Sache machen
viel Aufhebens von e. Sache machen

casser la graine
einen Happen essen
(Korn, Samen)

VOCABULAIRE

1. Léon dans le pétrin

être dans le pétrin 2)
in der Patsche, Tinte,
Klemme sitzen

panade (f)
Brotsuppe

obligé; être ~ de faire qc
etwas tun müssen

épinards (m, pl)
Spinat

beurre (m)
Butter

éviter de faire
vermeiden, sich hüten,
etw zu tun

sombrer (dans le désespoir)
(in Verzweiflung) versinken

se débrouiller seul
allein zurechtkommen

occupé par une amie
mit einer Freundin beschäftigt

remercier à l'avance
im Voraus danken

embrasser
küssen; umarmen

2. Chez nous, on tire le diable par la queue

tirer le diable par la queue
am Hungertuch nagen

chômage (m); être au ~
arbeitslos sein

fin (f) du mois
Monatsende

éclairer
beleuchten, Licht machen

bougie (f)
Kerze

couper l'électricité
den Strom abstellen

fil (m)
Draht

**ne pas avoir inventé
le fil à couper le beurre**
das Pulver nicht erfunden haben

tourner autour de qn
um jemanden herum-
scharwenzeln

épouser qn
j-n heiraten

être un vrai cœur d'artichaut
sein Herz leicht verschenken, ein
Herz für viele haben *ein wei-*
tes Herz haben

3. L'oncle Jacques a une idée

être désolé que ...
bedauern, dass ...

tu aies
Konjunktiv nach Gefühls-
äußerung statt tu as

cuit, e
geкocht, gar

petit pain (m)
Semmel, Brötchen

vendeur (m)
Verkäufer

embaucher qn
j-n einstellen

4. Une vie de voleur à la tire

voleur (m) à la tire
Taschendieb

pomme (f)
Apfel

être haut comme trois pommes
ein Dreikäsehoch sein

piquer
klauen

marché (m)
Markt

courses (m,pl); faire ses ~
seine Einkäufe machen

l'autre jour (m)
neulich

1) *in dürftigen Ver-*
hältnissen leben 2) *Backtrog*
être dans le ~
auch: schön im Schlamassel
sitzen

18

sac à main (m)
  Handtasche
chariot (m)
  Einkaufswagen
c'est du tout cuit
  das ist eine ganz sichere Sache
embarquer qc
  etw mitgehen lassen
filer en vitesse
  eiligst abhauen

5. Léon reprend espoir

espoir (m)
  Hoffnung
proposition (f)
  Vorschlag, Angebot
tomber bien
  zur rechten Zeit, wie gerufen
  kommen
il n'a pas un radis
  er hat keinen Pfennig
radis (m)
  Rettich, Radieschen
que tu veuilles m'aider
  dass du mir helfen willst
  (Konjunktiv nach Gefühlsausdruck)
aubaine (f)
  Glücksfall; unverhofftes Glück
prêt à faire
  bereit zu tun
tenter une aventure
  sich auf ein Abenteuer einlassen

6. Qui suis je?

pour des prunes
  vergeblich, für nichts und wieder
  nichts
jauni, e
  vergilbt
rester bouche bée
  Mund und Nase aufsperren
sans blagues
  im Ernst, Spaß beiseite
apprendre qc
  etw erfahren, lernen

pâte (f)
  Brotteig
coq (m)
  Hahn
vivre comme un coq en pâte
  leben wie Gott in Frankreich
beurré comme des petits Lus
  voll wie eine Haubitze
la moutarde m'est montée au nez
  Zorn stieg in mir hoch
en avoir soupé de qc
  die Nase von etw voll haben

7. Un rêve américain réalisé

rêve (m)
  Traum
enthousiasme (m)
  Begeisterung
gratin new-yorkais
  die oberen zehntausend von
  New York
grosse légume
  Bonze, hohes Tier
côtoyer qn
  mit j-m zu tun haben
devoir le respect à qn
  j-m Respekt schulden
de même
  ebenso, gleichermaßen

8. Mauvaise plaisanterie à la clinique

plaisanterie (f)
  Scherz
du coup
  auf einmal, plötzlich
se calmer
  sich beruhigen
lunettes (f, pl)
  Brille
infirmière (f)
  Krankenschwester
petit fils (m)
  Enkel
échange (m)
  Tausch, Austausch

bracelet (m)
Armband
rigoler
einen Ulk machen
avoir honte (f)
sich schämen
manger, casser, lâcher
le morceau (m)
auspacken
tirer parti de qc
etw ausschlachten, Kapital aus
etw schlagen
gratin (m) de la société
die oberen zehntausend
tomber dans les pommes
ohnmächtig werden
mettre son grain de sel
seinen Senf dazugeben

9. Derniers préparatifs et grandes espérances

préparatifs (m, pl)
Vorbereitungen
espérance (f)
Erwartung
suivre un conseil
einen Rat befolgen
miel (m)
Honig
oseille (f)
Sauerampfer
concerner
betreffen
retarder
aufhalten, verspäten
venue (f)
Kommen

10. Vivre comme un coq en pâte [1]

fourrer son nez partout
seien Nase in alles stecken
occupe-toi de tes oignons
kümmere dich um deine
Angelegenheiten

oignon (m)
Zwiebel
bourgeois (m)
Bürger, Spießer
défendre son bifteck
seine Interessen verteidigen
brochette (f)
kleiner Bratspieß, Schaschlik
belle brochette de
wie aufgereiht (sitzen)
gamin, e
Kind, Göre
bien élevé
gut erzogen
pédaler dans la choucroute
verloren sein

11. Paperasserie administrative

paperasserie (f) administrative
Papierkrieg
tarte (f)
Torte
insister
bestehen auf
administration (f)
Behörde, Verwaltung
dans les plus brefs délais
so schnell wie möglich
haricot (m)
Bohne
en fonction de
im Hinblick auf
faire pour le mieux
sein Bestes, das Bestmögliche tun
joindre un billet d'avion
ein Flugticket beilegen
avion (m)
Flugzeug

12. Mettre un peu d'ambiance

mettre un peu d'ambiance (f)
ein wenig Stimmung in die Bude
bringen

1) leben wie ge It
in Frankreich
(S. 19 u 6.)

obtenir un bon prix
einen guten Preis erzielen
renoncer à qc
auf etw verzichten
jeter un peu d'huile sur le feu
etwas Öl ins Feuer gießen
huile (f)
Öl
avoir du blé
Geld, Kohle haben
s'ennuyer ferme
sich schrecklich langweilen
sur le coup
mit einem Mal, plötzlich
avoir du mal à faire
Schwierigkeiten haben, etw zu tun
avaler la pilule
die bittere Pille schlucken /(*vôte*)

13. Ça y est

ça y est
geschafft
mardi prochain
nächster Dienstag
il me manque qc
es fehlt mir etw
plat (m)
Platte, Schale; Gericht, Speise
faire des démarches (f, pl)
Schritte unternehmen
ancien camarade
ehemaliger Kamerad
immigration (f)
Einwanderung
obtenir qc à qn
j-m etw verschaffen

14. Tout est bien qui finit bien

hurler
brüllen, schreien
casser
zerbrechen

œuf (m)
Ei
on ne peut pas faire d'omelette sans casser les œufs
wo gehobelt wird, fallen Späne
rentrer dans l'ordre
wieder seine Ordnung finden
mettre de l'eau dans son vin
zurückstecken
graine (f)
Samenkorn
objet (m) de valeur (f)
Wertgegenstand
avoir du fric (m)
Zaster/ Kohle haben
tout est bien qui finit bien
Ende gut, alles gut

Vokabelhilfen zu den Übungen

rester bouche bée
den Mund (vor Staunen) aufreißen
épouser
heiraten
coutumes (f, pl)
Sitten, Gebräuche
graisser la patte à qn
j-n bestechen
intrus (m)
Eindringling
trompeur, se
trügerisch
receleur (m)
Hehler
fourrer son nez dans
eine Nase stecken in
patate (f)
Kartoffel
instituteur(trice)
Lehrer(in)
prune (f)
Pflaume

EXERCICES

1. Quelles sont les bonnes réponses?

1. Un jour Momo a volé le sac d'une dame élégante.
Mais il n'y avait pas d'argent dedans.
  a Il n'y avait pas un radis.
  b Il n'y avait pas un haricot.
  c Il n'y avait pas une prune.

2. Mais il y a trouvé une lettre, une vrai surprise ou
plutôt un choc.
  a Momo a été tout sucre, tout miel.
  b Momo a cassé la graine.
  c Momo est tombé dans les pommes.
  d Momo est resté bouche bée.

3. Il a tout de suite compris qu'il allait vivre dans le luxe.
  a Il allait vivre comme un coq en pâte.
  b Il allait vivre comme un dieu en France.
  c Il sera tout sucre, tout miel.

4. La sœur de Momo, elle, elle n'est pas très intelligente.
  a Elle ne tire pas le diable par la queue.
  b Elle n'a pas inventé le fil à couper le beurre.
  c Elle n'a pas mis de beurre dans les épinards.
  d Elle ne pédale pas dans la choucroute.

5. Sa sœur Céline croit que tous les garçons veulent l'épouser.
  a C'est un vrai cœur d'artichaut.
  b Elle se vend comme des petits pains.
  c Elle n'a pas mis du beurre dans les épinards.
  d Elle ne pédale pas dans la choucroute.

6. En plus, Céline n'est pas très grande.
  a Elle est haute comme trois artichauts.
  b Elle est haute comme trois carottes.
  c Elle est haute comme trois pommes.
  d Elle est haute comme trois petits pains.

2. La philosophie de Léon:
«Une place pour chaque chose, chaque chose à sa place»

Die Nahrungsmittel sind etwas durcheinander geraten.

1. Comme beaucoup de musiciens Léon
   ne vit pas comme un coq en ~~panade~~ ......*pâte*.......

2. Jouer du saxophone dans le métro
   n'est pas ce qui met du beurre dans
   les *petits pains*. ....

3. Léon croyait que la musique était du
   tout cuit. Mais à l'âge de 19 ans il est
   dans la *pâte*. ....

4. A la fin du mois il n'a plus de
   pommes. ....

5. Souvent il a tellement faim qu'il tombe
   dans les *radis*. ....

6. Son oncle lui disait toujours: Avec ta
   musique tu vas bientôt pédaler dans
   la *pilule*. ....

7. Cet oncle a un magasin d'antiquités et
   ses meubles se vendent comme des
   épinards. ....

8. Léon est prêt à avaler la *choucroute* et
   à devenir vendeur de meubles dans le
   magasin de son oncle. ....

3. Léon – dans la cuisine des idiomes

A. Setzen Sie *Rühreier, Kastanien, Feuer, Öl, Salz*
und anderes mehr ein.

1. Un jour, Léon découvre que son oncle Paul est membre de
la mafia. Celui-ci a fait venir Léon pour tirer les *(Kastanien)*
.... du *(Feuer)* ....

2. Ne t'en fais pas, lui explique l'oncle Paul, ma philosophie,
c'est qu'on ne peut pas faire *(Rührei)* ....
sans *(zerbrechen)* .... les *(Eier)* ....

3. Mon 'business' c'est du tout *(Gegartes* bzw. *Sicheres)* ......
.... parce que la mafia a
graissé la patte aux agents de police du quartier.

4. Tu ne connais ni New York et ses coutumes ni mes affaires,
alors n'y mets pas ton *(Körnchen Salz* bzw. *Senf)*
....

5. En plus, ça ne serait pas malin d' en faire tout un *(Gericht
bzw. Riesenaufstand)* ....
On ne plaisante pas avec la mafia.

6. Alors Léon fait ce que son oncle Paul lui demande parce
que celui-ci est violent et que Léon ne veut pas jeter *(Öl)*
.... sur le *(Feuer)* ....

7. Il avale la *(Pille)* ....

B. Pour être vraiment sûr:

Im Deutschen verwenden wir oft andere Bilder. Deshalb noch mal zur Kontrolle:

1. Il faut toujours que tu mettes ton grain de ....

Du musst auch immer deinen ....dazutun.

2. N'en fais pas tout un ....!

Mach nicht so ....

3. Il avait du mal à avaler la ....

Es fiel ihm schwer, die .... zu schlucken.

4. Les antiquités, c'est du tout...

Mit Antiquitäten kann nichts ....

4. Cherchez l'intrus

1. Welcher Ausdruck bedeutet nicht «reich sein»?

    a avoir du fric
    b avoir de l'argent
    c avoir du blé
    d avoir de la monnaie

2. Welcher Ausdruck bedeutet nicht «jetzt ist alles aus, umsonst, vergeblich»?

    a c'est pour des prunes
    b c'est du tout cuit
    c c'est la fin des haricots [1]
    d les carottes sont cuites [2]

1) jetzt ist alles aus (S. 16)
   jetzt's ist ganz aus
2) aus der Traum, nichts mehr zu machen
   alles ist aus

5. Le vrai visage de l'oncle Paul

Classez les nombres et les lettres et découvrez le vrai visage de Paul.

1. Vous savez maintenant que Paul, l'oncle de Léon, …
2. Léon travaille pour lui et vend des antiquités volées, mais il …
3. Plus d'une fois il a pensé aller à la police. Il …
4. Mais il a peur parce que ce …
5. En plus, il sait que Paul …
6. Les apparences sont trompeuses. Vu de l'extérieur, Paul …
7. Mais quand on essaie de contrecarrer ses plans …
8. Les liens avec la mafia lui sont plus importants que les liens du sang. Il va toujours …
9. Une fois il a sorti une arme de sa poche et un coup est parti. Léon …
10. Depuis cet incident Léon …

a est une grosse légume de la mafia de New York.
b a graissé la patte aux flics et à pas mal de juges aussi.
c va s'occuper des ses oignons et de ne plus fourrer son nez dans les affaires de son oncle Paul.
d la moutarde lui monte au nez, il devient rouge comme une tomate et très dangereux.
e n'est pas de la tarte d'avoir affaire à Paul et à ses méthodes mafieuses.
f est prêt à manger le morceau.
g est tout sucre, tout miel, surtout avec les receleurs de la mafia.
h est tombé dans les pommes.
i en a soupé d'être mêlé à des affaires criminelles.
j défendre son bifteck.

6. Quelques idiomes de plus. Devinez – Intelligentes Raten

1. Um die Sache nicht zu leicht zu machen, müssen Sie zuerst die Nahrungsmittel aus dem Kasten in die Lücken setzen.

2. Auch wenn Sie den meisten Redensarten noch nicht begegnet sind, können Sie Zahlen und Buchstaben einander zuordnen.

> carottes – crêpe – patate – vin – salades – beurre – marrons – tomate – boulette
>
> _(handschriftliche Zuordnungen: b, e, i, d, c, g, h, a, f)_

4 **a** devenir rouge comme une ....tomate...............

1. die Kastanien aus dem Feuer holen — _h_

6 **b** les ......carottes...... sont cuites ....

2. e-n Bock schießen — _f_

5 **c** raconter des ...salades... ....

3. niedergeschlagen sein — _i_

9 **d** quand le ......vin...... est tiré, il faut le boire

4. knallrot werden — _a_

7 **e** retourner qn comme une ....crêpe...............

5. Ammenmärchen erzählen — _c_

2 **f** faire une ......boulette......

6. alles ist im Eimer — _b_

8 **g** cela ne met pas de ......beurre...... ~~men~~ dans ...les épinards...

7. j-n vollkommen umstim~~men~~ ~~dans les épinards~~ — _e_

1 **h** tirer les ......marrons...... du feu ....

8. das macht den Kohl nicht fett — _g_

3 **i** en avoir gros sur la ....patate...............

9. wer A sagt, muss auch B sagen — _d_

27

7. Cherchez l'intrus

Welcher Ausdruck passt nicht in die Geschichte?

a Léon est dans la panade.
b Il n'a pas un radis.
c Il tire le diable par la queue.
d Il devient rouge comme une tomate.

8. Les Carrés Magiques

Welcher Buchstabe gehört zu welcher Zahl? Ordnen Sie die Wörter den Sätzen zu und tragen Sie die so ermittelten Zahlen in die Quadrate ein. Reihen und Spalten addieren sich zur magischen Zahl 15.

1. Léon sait qu'il ne faut pas manger le morceau – sinon c'est la fin .... *b* .
2. La mafia ne va pas hésiter à défendre .... *i* .
3. Alors il vaut mieux s'occuper de ses .... *d* .
4. La .... lui monte au nez quand il pense aux affaires de Paul. *g*
5. Et le peu d'argent que Paul lui donne ne met pas de beurre dans .... *e* .
6. Paul a une sœur, Yvette, qui sait tout et qui met son ...... *c* ....dans toutes les conversations.
7. De plus, cette sœur est un vrai .... *f* , mais elle a du fric.
8. Alors Léon envisage de mettre de l'eau dans .... *a* en ce qui concerne ses rapports avec son oncle.
9. Peut-être qu'il va épouser Yvette bien qu'elle n'ait pas inventé le fil à couper .... *h*

a son vin	**b** des haricots	**c** grain de sel
d oignons	**e** les épinards	**f** cœur d'artichaut
g moutarde	**h** le beurre	**i** son bifteck

a = 8	b = 1	c = 6
d = 3	e = 5	f = 7
g = 4	h = 9	i = 2

Les fruits et les légumes – Obst und Gemüse

une grosse légume
ein hohes Tier
débiter, raconter des salades
Ammenmärchen erzählen
c'est la fin des haricots
jetzt ist alles im Eimer /Bohnen
pour des prunes
für nichts und wieder nichts;
umsonst; vergeblich
être haut comme trois pommes
ein Dreikäsehoch sein
tomber dans les pommes
ohnmächtig werden
ne pas avoir un radis
keinen Pfennig haben
occupe-toi de tes oignons
kümmere dich um deinen
eigenen Dreck / Zwiebeln
devenir rouge comme une tomate
rot wie eine Tomate, puterrot,
knallrot werden
être un vrai cœur d'artichaut
sein Herz leicht verschenken; ein
Herz für viele haben
les carottes sont cuites
nichts mehr zu machen;
alles im Eimer

Les plats chauds – Warme Gerichte

mettre du beurre dans les épinards
den Kohl fett machen
en faire tout un plat
einen Riesenaufstand machen
faire une boulette
e-n Schnitzer machen; e-n Bock
schießen
belle brochette de
wie aufgereiht sitzen

défendre son bifteck
seine Interessen verteidigen, sich
die Butter nicht vom Brot nehmen
lassen
pédaler dans la choucroute
nicht vorwärts kommen; sich
vergeblich abstrampeln; auf dem
Holzweg sein
retourner qn comme une crêpe
j-n vollkommen umstimmen,
herumkriegen
c'est du tout cuit
das ist völlig sicher; das kann
gar nicht schief gehen
on ne peut pas faire d'omelette sans casser les œufs [ö]
wo gehobelt wird, fallen Späne
tirer les marrons du feu
die Kastanien aus dem Feuer
holen
ce n'est pas de la tarte
das ist kein Sahneschlecken
jeter de l'huile sur le feu
Öl aufs Feuer gießen
en avoir soupé de qc
die Nase von etw voll haben
manger le morceau
auspacken; singen

Les ingrédients – Zutaten

ne pas avoir inventé le fil à couper le beurre
das Pulver nicht erfunden haben
la moutarde m'est montée au nez
die Galle ist mir übergelaufen
vivre comme un coq en pâte
leben wie die Made im Speck;
leben wie Gott in Frankreich
mettre, fourrer son grain de sel
seinen Senf dazugeben
être tout sucre, tout miel
zuckersüß, honigsüß sein
mettre de l'eau dans son vin
zurückstecken

quand le vin est tiré,
il faut le boire
  wer A sagt, muss auch B sagen
beurré, s comme des petits Lus
  stockbesoffen

Autour du pain – Rund ums Brot

se vendre comme des petits pains
  wie warme Semmeln weggehen
être dans la panade
  in der Tinte (Brotsuppe) sitzen
casser la graine
  einen Happen essen
avoir du blé
  Heu, Kohle haben

Divers – Verschiedenes

être dans le pétrin
  in der Patsche, Tinte,
  Klemme sitzen
avaler la pilule
  die bittere Pille schlucken
rester bouche bée
  Mund und Nase aufsperren
en avoir soupé de qc
  die Nase von etw voll haben
fourrer son nez partout
  seine Nase überall hineinstecken
tirer le diable par la queue
  am Hungertuch nagen
avoir du fric
  Kohle haben

OUTILS ET USTENSILES

1 Dangereux gangster en liberté

Yves et Louis sur un banc <u>en face de</u> la mer lisent le journal.

Yves: Lis cet article. Ça va t'intéresser.

Louis: «On recherche un dangereux bandit, Popol. Il s'est échappé de prison hier et on croit qu'il se cache dans notre région». *Quelle tuile!* Popol *a mis les bouts!** Il va sûrement essayer de nous contacter.

Yves: Rentrons vite. Les flics vont bientôt nous rendre visite, je dois faire disparaître certaines choses.

Louis: Zut, *il tombe des hallebardes*! Nous allons être trempés. Prenons le bus, l'arrêt est à deux pas.

Yves: Tais-toi et cours!

2 Respirer la liberté

Il avançait le long de la route. Il venait de descendre de l'autobus qui l'avait amené à la sortie de l'agglomération lyonnaise, sur la route nationale. Ça faisait 24 heures qu'*il avait mis les bouts* et ils avaient sûrement remarqué son absence. Il avait des problèmes avec son père, alors il avait fait <u>une fugue.</u>

Il leva la tête. Le ciel était noir et un tourbillon de poussière au ras du sol annonçait un orage. Bientôt *il tomberait des hallebardes* et il n'y avait aucun abri à l'horizon. *Quelle tuile!*

Après les ralentissements provoqués par la traversée de la ville, les voitures reprenaient de la vitesse et aucune voiture ne semblait vouloir s'arrêter malgré les signes que faisait Michel.

Quelle tuile!
So was Dummes! Was für ein Pech!
(Ziegel)

il tombe des hallebardes
es gießt in Strömen
(Hellebarden)

33

On sonne. C'est la police?

3

Yves: Oh la la la, quelle pluie! Tiens, voilà une
serviette, sèche-toi et allume la télé, c'est l'heure
des informations. Ils vont parler de l'évasion de Popol.
Louis: Regarde, on montre sa photo sur toutes les chaînes.
... C'est qui, le type *tiré à quatre épingles* à côté de lui?
Yves: Son avocat, *un vrai moulin à paroles*, mais plutôt
correct avec les détenus. ... On sonne. Qu'est-ce que c'est?
Déjà Popol? Ou la police?

1)

Fuite en stop

4

La fatigue commençait à se faire sentir quand une
Mercedes apparut alors qu'il se retournait pour
observer la route. Du pouce, Michel fit un signe et fut tout
surpris de voir s'arrêter la voiture.
«Je ne vais pas bien loin,» expliqua le chauffeur, un homme
tiré à quatre épingles et très aimable, «mais ça peut vous
avancer peut-être.»
Michel s'empressa d'accepter. L'homme était bavard, un
véritable *moulin à paroles* et bien qu'il conduisît son
véhicule avec une lenteur terrifiante, Michel s'étonna
d'arriver bientôt sur la place d'un petit village.

*1) du Kund stellt ihm bei wie eine stile
es/sie hat ein gutes brendwerk
es/sie redet wie ein Bnch / Wasserfall*

être tiré à quatre épingles
wie aus dem Ei gepellt
(Nadeln)

1) **c'est un moulin à paroles** 1)
er redet wie ein Wasserfall
(Mühle)

La police à la porte

5

Louis: N'ouvre pas, c'est la police!

Yves: *Tu perds les pédales?* Au contraire, il faut leur ouvrir. Qu'ils *examinent* l'appartement *à la loupe*! Ils verront bien que Popol n'est pas là et ils nous laisseront tranquilles.

Louis: Tu as peut-être raison. Je vais ouvrir. … Entrez, Messieurs. Vous désirez un renseignement?

La police: Non, nous cherchons Popol. Il s'est échappé de prison hier. Est-ce qu'il est venu vous voir?

Yves: Non, nous n'avons plus de contact avec lui depuis longtemps. Il n'y a personne ici, vous pouvez fouiller.

Accueil peu aimable

6

Le ciel était de plus en plus sombre.

«Bon, voilà, bonne chance,» dit le conducteur. Et Michel se retrouva seul sur la place. Que faire? Il ne s'agissait pas de *perdre les pédales*, mais au contraire de trouver une solution.

«Pas question de camper, il me faut une chambre pour la nuit.»

Il s'adressa à un homme qui *le regarda à la loupe* avant de lui indiquer l'adresse de l'unique café du village.

«On n'aime pas les campeurs ici,» ajouta-t-il sans aménité.

perdre les pédales

den Kopf verlieren; sich nicht mehr zu helfen wissen
(Pedale)

regarder / examiner à la loupe

genau überprüfen
(Lupe)

7 La fouille

«Nous n'avons trouvé personne,» dit un agent de police *maigre comme un clou*. «Qu'est-ce qu'on fait? On les emmène au commissariat quand-même?»
L'inspecteur regarde les deux hommes qui prennent un air innocent.
L'inspecteur: «Vous n'avez vraiment pas vu Popol?»
C'est Louis qui répond, tellement ému qu'il n'a plus qu'*un filet de voix*: «On vous le jure, inspecteur, depuis qu'il est en prison, on n'a pas revu Popol!»

8 Même pas un coin dans une grange

«Pas bien accueillant,» pensa Michel.
Il avisa le café et y entra. La salle était vide, à l'exception d'une grande femme *maigre comme un clou* qui s'avança à sa rencontre.
«Une chambre? C'est qu'il n'y a pas d'auberge ici, ni d'hôtel.»
Elle *n'avait qu'un petit filet de voix* désagréable et le regardait méchamment.
«Un coin dans une grange, peut-être?» insista Michel qui n'avait pas envie de passer la nuit dehors.
«La grange? Elle a été la proie des flammes – un pyromane, vous savez.»

maigre comme un clou
spindeldürr
(Nagel)

avoir un petit filet de voix
eine schwache, dünne Stimme haben
(Netz, Faden)

9 **Mis au pied du mur***

L'inspecteur: Ne jurez pas si vite. On a retrouvé une lettre de vous dans sa cellule en prison. Vous êtes sûrement en contact avec lui!

Yves, *sortant de ses gonds*: C'est un mensonge. Vous inventez n'importe quoi pour nous arrêter. Nous sommes d'honnêtes travailleurs.

Un agent: Chef, chef, venez voir qui nous avons trouvé sur le toit de l'immeuble!

L'inspecteur: Oh, mais c'est Popol! Alors, monsieur le menteur, toujours pas au courant?

Yves: Eh, bien …

L'agent: *Vous lui avez rivé son clou*, on dirait, chef! Il ne sait plus quoi dire.

10 **Michel se fâche**

«On n'aime pas le campeurs ici. La saison passée, un campeur a mis le feu à une grange et la moitié du village a failli brûler. Alors, vous comprenez. Passez votre chemin.»

Michel se sentit *sortir de ses gonds* et chercha une réponse qui *lui riverait son clou:* «Je ne suis pas responsable des bêtises des campeurs. Quelle drôle de façon d'accueillir les clients. Je ne mettrai plus jamais les pieds dans votre sale café,» dit-il et sortit dans la rue.

faire sortir quelqu'un de ses gonds
jemanden auf die Palme bringen
(Türangel)

river son clou à quelqu'un
jemandem den Mund stopfen
(Nagel)

11 Mis en tôle

Popol est emmené entre deux agents et l'inspecteur passe les menottes à Yves et à Louis.

Louis: On n'a rien fait, nous. On ne savait pas qu'il était sur le toit.

L'inspecteur: Allez, allez, pas de discussion. *Si vous ne me mettez pas de bâtons dans les roues*, je ferai quelque chose pour vous.

Yves: Nous, on est honnête, vous savez. L'attaque de la banque, Popol nous avait obligés. *Il nous avait mis le couteau sous la gorge*; ou bien on l'aidait ou bien il s'attaquait à nos parents. Alors, vous comprenez? L'inspecteur: Oui, oui. Allez, emmenez-les!

12 Un rêve contrarié [1]

Le soleil vibrait au ciel comme un grand ballon ardent. La chaleur devenait presque insupportable. Il avançait machinalement, *la gorge serrée**, en pensant à sa mère qui serait sûrement malheureuse sans lui, quand au bout de la route il vit une voiture s'avancer. La voiture s'approchait lentement comme au ralenti. Il fit un signe sans conviction et le conducteur s'arrêta près de lui. Il ressemblait à son père. «Allez, monte!», lui dit celui-ci. Il ne serait pas parti de la maison si son père ne lui avait pas *mis des bâtons dans les roues*. Il voulait monter à Paris avec quelques copains pour chanter et faire de la musique et s'était déjà engagé quand son père lui avait *mis le couteau sous la gorge*: ou bien il travaillait avec lui à la boucherie ou bien il le mettrait en pension.

mettre des bâtons dans les roues
Knüppel zwischen die Beine werfen
(Räder)

mettre le couteau sous la gorge
das Messer an die Kehle setzen

7) a) ver - behindert
durchkrenzt (Plan)
b) verstimmt verär-
gert, ärgerlich

Liberté sur parole

13 Le commissaire: Alors, Messieurs, dois-je croire mon inspecteur à qui vous avez affirmé avoir *coupé les ponts** avec M. Paul Dauphin?

Louis: Je vous le jure, M. le commissaire. Depuis l'attaque[1] de la banque, on ne l'avait plus revu.

Le commissaire: Est-ce vrai que *vous vivez encore aux crochets de vos familles* respectives?

Yves: Oui, mais on a trouvé du travail et on n'habite déjà plus chez eux.

Le commissaire: Bon, pour cette fois, je vais *fermer les yeux** si vous me promettez de travailler honnêtement!

Yves et Louis: Nous vous le promettons, Monsieur le commissaire!

Un père compréhensif

14 Alors il avait décidé de quitter la maison ne voulant plus *vivre aux crochets de* son père. Il avait pensé pouvoir *couper les pont** avec ses parents. Mais finalement, *le jeu n'en valait pas la chandelle.*

Il monta dans la voiture. Il était soulagé et il s'aperçut qu'il aimait ses parents plus qu'il ne l'aurait cru. Il allait faire des efforts pour les comprendre. Si seulement son père lui faisait confiance. Justement celui-ci lui dit «Tu sais, Michel, tu nous a fait très peur à ta mère et à moi. J'ai réfléchi à ton envie de faire de la musique. Je suis d'accord à une condition. Tu commences des études de musique au conservatoire de Lyon!»

«Oh, merci Papa!» dit Michel en embrassant son père.

vivre aux crochets de quelqu'un
jemandem auf der Tasche liegen
(Haken)

le jeu n'en vaut pas la chandelle
es lohnt nicht, das ist nicht der Mühe wert
(Kerze)

[1] Überfall
à main armée
bewaffneter Überfall

39

VOCABULAIRE

1. Le dangereux gangster en liberté

en liberté (f)
auf freiem Fuß
s'échapper de prison (f)
aus dem Gefängnis fliehen
se cacher
sich verstecken
mettre les bouts
abhauen, türmen, verduften
essayer de faire qc
versuchen, etw zu tun
flic (m)
Bulle
rendre visite à qn
j-m einen Besuch abstatten
faire disparaître qc
etw verschwinden lassen
être trempé
durchnässt werden
arrêt (m)
Haltestelle
à deux pas
gleich um die Ecke
tais-toi
sei ruhig, schweig

2. Respirer la liberté

respirer
atmen
avancer le long de la route
weiter die Straße entlanggehen
venir de descendre
eben ausgestiegen sein
amener qn à
j-n bringen zu
agglomération (f)
Ortschaft
lever la tête
den Kopf heben
il leva
schriftsprachliches passé simple
statt passé composé (il a levé)

tourbillon (m) de poussière (f)
Staubwirbel
au ras du sol
dicht über dem Boden
orage (m)
Gewitter
abri (m)
Schutz, Unterschlupf
ralentissements (m, pl)
zähflüssiger Verkehr
traversée (f) de la ville
Fahrt durch die Stadt
reprendre de la vitesse
Geschwindigkeit aufnehmen

3. On sonne. C'est la police?

sonner
läuten
serviette (f)
Handtuch
sèche-toi
trockne dich ab
allumer la télé
den Fernseher einschalten
évasion (f)
Flucht
chaîne (f)
hier: Fernsehprogramm
épingle (f)
Nadel
moulin (m)
Mühle
détenu (m)
Häftling

4. Fuite en stop

en stop
per Anhalter
fatigue (f)
Müdigkeit
apparaître
auftauchen
se faire sentir
sich bemerkbar machen

faire un signe du pouce
ein Zeichen mit dem Daumen
geben
avancer qn
j-n voranbringen
s'empresser d'accepter
sofort annehmen
bavard, e
gesprächig, geschwätzig
bien qu'il conduisît
subjonctif (imparfait) von
conduire nach bien que
lenteur (f)
Langsamkeit
terrifiant, e
erschreckend

5. La police à la porte

verront (voir) ils verront
sie werden sehen
laisser tranquille
in Ruhe lassen
désirer un renseignement
eine Auskunft wünschen

6. Accueil peu aimable

accueil (m)
Empfang
sombre
düster
bonne chance
viel Glück
indiquer une adresse
eine Adresse nennen
unique
einzig
aménité (f)
Liebenswürdigkeit; Freundlichkeit

7. La fouille

fouille (f)
Durchsuchung

clou (m)
Nagel
emmener au commissariat
auf die Wache mitnehmen
prendre un air innocent
unschuldig dreinblicken
ému, e
bewegt, gerührt
filet (m)
Bändchen, Netz
voix (f)
Stimme
jurer
schwören

8. Même pas un coin dans une grange

accueillant, e
liebenswürdig, freundlich,
gastlich
aviser
hier: ansteuern
à l'exception de
mit Ausnahme von
s'avancer à la rencontre de qn
j-m entgegengehen
désagréable
unangenehm
regarder méchamment
boshaft, bösartig anblicken
coin (m)
Ecke
grange (f)
Scheune
insister sur
bestehen auf
avoir envie de faire
Lust haben zu tun
dehors
draußen
être la proie des flammes
ein Raub der Flammen sein

9. Mis au pied du mur

mettre qn au pied du mur
  j-n in die Enge treiben
gond (m)
  (Tür-, Fenster-)Angel
mensonge (m)
  Lüge
honnêtes travailleurs (m, pl)
  anständige Arbeiter
toit (m)
  Dach
immeuble (m)
  Gebäude
menteur (m)
  Lügner
river
  breitschlagen, vernieten
clou (m)
  Nagel
ne plus savoir quoi dire
  sprachlos sein

10. Michel se fâche

faillir brûler
  beinahe brennen
passé; la saison passée
  vergangene Saison
**passer / poursuivre / continuer
son chemin**
  weiterziehen
sale café (m)
  hier: blödes Café
accueillir qn
  j-n aufnehmen
responsable
  verantwortlich
bêtise (f)
  Dummheit
campeur (m)
  Camper
**ne pas remettre les pieds quelque
part**
  keinen Fuß mehr setzen in

11. Mis en tôle

mettre en tôle
  einbuchten, ins Kittchen bringen
emmener qn
  j-n mitnehmen
bâton (m)
  Knüppel, Prügel, Stab
roue (f)
  Rad
couteau (m)
  Messer
gorge (f)
  Kehle
s'attaquer à qn
  j-n überfallen

12. Un rêve contrarié

ardent, e
  glühend
il a la gorge serrée
  seine Kehle ist wie zugeschnürt
au ralenti
  in Zeitlupe
faire un signe
  ein Zeichen geben
sans conviction (f)
  ohne Überzeugung
monter (en voiture)
  einsteigen
ressembler à qn
  j-m ähneln
boucherie (f)
  Metzgerei
mettre qn en pension (f)
  j-n ins Internat tun

13. Liberté sur parole

sur parole (f)
  auf Ehrenwort
affirmer
  behaupten, versichern, beteuern
pont (m)
  Brücke

couper les ponts avec qn
die Brücken zu j-m abbrechen
crochet (m)
Haken, Klammer
vos familles respectives
eure jeweiligen Familien
fermer les yeux sur qc
beide Augen zudrücken
prendre en filature
beschatten lassen

révéler
verraten
savoir s'y prendre
wissen, wie man es anstellt
serrer
(zusammen)drücken
supérieur, e
überlegen
supporter
ertragen

14. Un père compréhensif

compréhensif, ve
verständlich
faire des efforts (m, pl)
sich anstrengen
études (f, pl) de musique (f)
Musikstudium

Wortschatzhilfe zu den Übungen

avis (m) de recherche (f)
Steckbrief
cambrioler
einbrechen
dénommé; un ~ Popol
einen gewissen Popol
ensoleillé
sonnig, sonnenbeschienen
éviter
ausweichen
gorge (f)
Hals, Kehle
gras
dick, fett
mettre en colère (f)
in Wut bringen
mettre les bouts (m, pl)
abhauen
parenthèse (f)
Klammer
piège (m)
Falle

1. Quelle est la meilleure réponse

Apprenez à connaître Popol, le criminel qui a mis les bouts.

1. Popol est dangereux, mais il n'est ni gras ni grand, il est plutôt
   - a maigre comme un bâton.
   - b maigre comme un clou.
   - c maigre comme une épingle.

2. Popol a toujours eu du succès auprès des femmes. Pourquoi?
   Eh bien, peut-être qu'il
   - a a un petit filet de voix.
   - b regarde les femmes à la loupe.
   - c est toujours tiré à quatre épingles.

3. D'ailleurs les femmes n'ont pas la possibilité de dire grand chose parce que Popol
   - a est un moulin à paroles.
   - b perd les pédales.
   - c a la gorge serrée.

4. Il sait aussi s'y prendre avec les maris de ses maîtresses. Sa méthode?
   - a Il leur met le couteau sous la gorge.
   - b Il met les bouts.
   - c Il leur met des bâtons dans les roues.

5. Il n'y a qu'une femme qui soit supérieure à Popol – sa mère.
   - a Elle sait lui river son clou.
   - b Elle sait lui couper les clous.
   - c Elle sait lui couper les ponts.

6. Popol aime sa liberté et les promenades dans les parcs ensoleillés. Mais quand il tombe des hallebardes
   - a il perd les pédales.
   - b il sort de ses gonds.
   - c il prend un parapluie.

2. Avis de recherche

Employez un idiome.

La police cherche un dénommé Popol, prisonnier évadé depuis le premier avril. L'individu est armé et très dangereux.

1. Popol s'est évadé d'une prison le premier avril.
2. Il est très maigre.
3. Il est toujours bien habillé.
4. Il a une voix très faible qu'on entend à peine
5. Parfois il a des problèmes pour articuler, mais
6. il est très communicatif, souvent il parle même trop.
7. Popol devient dangereux quand on le met en colère.

1. Popol a .... *mis les bouts* ....

   .... le premier avril.

2. Il est maigre .... *comme un clou* ....

   ....

3. Il est toujours .... *tiré à quatre épingles* ....

   ....

4. Il a un petit .... *filet de voix* ....

   ....

5. Parfois il a .... *la gorge serrée* ....

   ...., mais

6. c'est un vrai .... *moulin à paroles* ....

   ....

7. Popol devient dangereux quand on le met ....
   .... *hors de ses gonds* ....

45

3. La jeunesse de Popol

Traduisez les expressions entre parenthèses.
Faites attention à la forme du verbe.

1. A la maison, le petit Popol était souvent difficile à supporter: Il *(wie ein Wasserfall reden)* ....
   .... *était un moulin à paroles*

2. C'est pourquoi son père, qui aimait fumer sa pipe dans le
   calme *(oft ausrasten)*. *sor tait souvent de ses gonds*

3. Sa mère était la seule personne qui savait *(ihm das Maul
   zu stopfen)* .... *lui river son clou* ....
   ....

4. A 23 ans Paul vivait *(immer noch auf der Tasche liegen)*
   .... *aux crochets* .... de ses parents.

5. Son père avait de grands projets pour son fils, mais Popol
   essayait toujours de lui *(Knüppel zwischen die Beine werfen)* .... *mettre des bâtons* ....
   .... *dans les roues* ....

6. Un jour le père *(ihm das Messer an die Kehle setzen)*
   .... *a mis le couteau sous la gorge* ....
   de son fils: «De deux chose l'une, ou bien tu cesses de
   (uns auf der Tasche liegen) *vivre à nos crochets*
   ou bien tu quittes la maison.»

7. Alors Popol a *(jeden Kontakt abbrechen)* .... *coupé* ....
   .... *les ponts* .... avec ses parents et

   a commencé une carrière criminelle.

4. Des idiomes en prime: Popol et ses complices

Faites correspondre chiffres et lettres.

d) **1.** Yves avait mis au point un plan pour cambrioler une
banque. C'était un mauvais plan!

c) **2.** Louis voyait des flics partout et voulait les attaquer.

b) **3.** Le commissaire Finaud leur avait tendu un piège,
mais Popol a su l'éviter.

e) **4.** Popol n'avait plus confiance en personne. Qui avait révélé
le plan à la police ?

a) **5.** La police a pu arrêter Yves et Louis. Mais Popol s'est enfui.

1) **a** Il a pris la poudre d'escampette. *1)*

2) **b** Il a éventé la mèche. *2)*   3. 50

3) **c** Il perdait les pédales. *3)*   5. 50

4) **d** Il ne valait pas un clou. *4)*   5. 50

5) **e** Quelqu'un avait vendu la mèche. 5. 50

5. Traduisez

Faites attention à la forme du verbe.

1. Louis était *(das fünfte Rad am Wagen).* la cinquième roue du carosse

2. Le plan d'Yves *(keinen Pfifferling wert sein).* ne valait pas un clou

3. La police avait *(eine Falle stellen)* à Popol. tendu un piège

4. Mais Popol avait *(den Braten riechen).* éventé la mèche

5. Il *(sich aus der Affäre ziehen).* a tiré son épingle du jeu

1) prendre la poudre d'escampette
davon laufen
das Hasenpanier ergreifen
ausreißen

2) den Braten riechen.

3) den Kopf verlieren

4) Er war kein Pfifferling wert

5) Irgendeiner hatte das Geheimnis verraten

6. Les mots croisés

Horizontalement →

3 Popol est un moulin .... **6** Il est toujours tiré à quatre
.... **9** Il ne parle pas des ses crimes, ça apporterait de
l'eau au ...... de sa mère. **10** Sa mère sait lui ...... son clou.
12 Popol est maigre comme un .... **17** deutsch für *gond*
(ü = ue). **20** Il ne pleut pas, il tombe des .... **21** Popol a
coupé les ...... avec ses parents. **22** Inutile de lui tendre des
pièges, il réussit toujours à ...... la mèche.

Verticalement ↓

1 La mère de Popol a un petit ...... de voix. **2** deutsch für
gorge. **4** Dans les plans de Popol, Yves est la cinquième ......
du carosse. **5** Comme cambrioleur Yves ne ...... pas un clou.
6 Popol sait toujours tirer son ...... du jeu. **7** deutsch für
épingle. **8** Sa mère a la gorge ...... quand elle pense à ses
crimes. **9** *Lunte riechen*: éventer la .... **11** Popol connaît
son adversaire; il ne se bat pas contre des moulins à ....
12 Popol n'est pas homme à qui on met le ...... sous la
gorge. **13** Il ne perd jamais les .... **14** deutsch für *pont*.
15 Popol est dangereux, alors il vaut mieux ne pas lui mettre
des ...... dans les roues. **16** C'est déjà septième fois qu'il a
mis les .... **18** Un rien peut mettre Popol hors de ses ......
19 La police examine son appartement à la ...... sans
trouver de preuves.

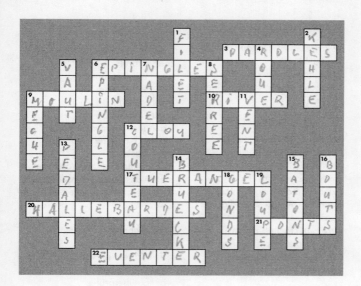

D'UN COUP D'ŒIL

Spitzes und Scharfes

maigre comme un clou
  spindeldürr
ça ne vaut pas un clou
  das taugt nichts, das ist keinen
  Pfifferling wert
river son clou à qn
  j-m den Mund stopfen
être tiré à quatre épingles
  wie aus dem Ei gepellt
tirer son épingle du jeu
  sich geschickt aus der Affäre
  ziehen; rechtzeitig aussteigen
mettre le couteau sous la gorge
  das Messer an die Kehle setzen
vivre aux crochets de qn
  j-m auf der Tasche liegen
il tombe des hallebardes
  es gießt in Strömen

(Nicht) bei Stimme sein

il a la gorge serrée
  seine Kehle ist wie zugeschnürt
avoir un petit filet de voix
  eine schwache, dünne Stimme
  haben
**apporter de l'eau au moulin
de qqn**
  Wasser auf j-s Mühlen sein
c'est un moulin à paroles
  er redet wie ein Wasserfall

Temperamentssache

mettre au pied du mur
  j-n in die Enge treiben
**faire sortir / mettre qn hors de
ses gonds**
  j-n auf die Palme bringen, ausrasten lassen
perdre les pédales
  den Kopf verlieren;
  ins Schwimmen geraten

**se battre contre les moulins à
vent**
  gegen Windmühlen kämpfen
couper, brûler les ponts
  alle Brücken hinter sich
  abbrechen, den Kontakt
  abbrechen mit (avec)
mettre les bouts
  abhauen, türmen, verduften
**être la cinquième roue
du carrosse**
  das fünfte Rad am Wagen sein
mettre des bâtons dans les roues
  Knüppel zwischen die Beine
  werfen
vendre la mèche
  das Geheimnis verraten
éventer la mèche
  den Braten riechen
regarder / examiner à la loupe
  genau überprüfen
le jeu n'en vaut pas la chandelle
  es lohnt nicht, das ist nicht der
  Mühe wert

1 Votre horoscope

Bélier: Vous continuerez à *être dans le pétrin* jusqu'à la fin du mois. La réussite n'est pas encore là. Patience; ne vous découragez pas et comptez sur l'harmonie de votre couple et de votre famille. La santé suivra le moral. Allez donc nager.

Taureau: Tout *marche comme sur des roulettes* pour les natifs de ce signe. Ils doivent continuer à déployer des efforts d'ingéniosité pour obtenir ce qu'ils désirent. Ça devrait porter ses fruits. Attention aux refroidissements.

¹)

2 Manu dans le métro

Je vends le journal des SDF dans le métro. 15 francs *et des poussières**. Quand j'entre dans le wagon avec mes journaux, les regards fuient, les gens plongent la tête dans leur journal. Il y a aussi ceux qui changent de wagon.

Je sais bien que les gens sont trop sollicités, mais *s'ils étaient dans le pétrin* comme moi, je me demande ce qu'ils feraient. Jamais je n'aurais imaginé tomber si bas. Il y a deux ans, tout *marchait comme sur des roulettes*. Je travaillais dans un restaurant chez des gens que je connaissais.

²)

[Handwritten annotations:]

1) Erfindungsgabe
   Einfallsreichtum

2) h: die Leute werden
   zu sehr angegangen
   (angesprochen)
   (z.B. um Spenden,
   um etwas zu kaufen)

être dans le pétrin
in der Tinte sitzen
(Backtrog)

marcher comme sur des roulettes
das geht wie am Schnürchen, wie geschmiert
(Rollen)

Votre horoscope

3 **Gémaux:** Vous *en avez ras le bol* de tout, votre esprit vagabonde ailleurs. Les vacances sont encore loin, mais rien ne vous empêche de les préparer déjà. Santé: méfiez-vous des courants d'air.

Cancer: Essayez d'aller de l'avant, quitte à faire appel aux aides extérieures. Vous croyiez *être au bout du rouleau*, mais vous vous trompez. A partir de la semaine prochaine, tout ira bien pour vous. Rien à craindre côté santé.

Manu prend la porte

4 Puis, il y a eu des problèmes. *J'ai pris la porte** avant Noël. *J'avais les nerfs en pelote**. C'est bête, mais Noël est une fête qui me touche beaucoup. Je l'ai toujours passée seul. Alors je me suis laissé aller. *Je me suis envoyé petit verre sur petit verre**. *Ras le bol de tout*. Je n'ai plus eu la force de continuer. Alcool plus médicaments: *j'étais au bout du rouleau*. J'ai voulu me suicider. Quelque part ça devait être écrit que c'était pas mon jour. *Je m'en suis sorti**, mais après cet accident, j'ai *continué à plonger**.

[handwritten notes in margin:]

1)a) herumtreiben
   herumziehen neu
b) umherschweifen
   umherwandern

2) an etw. appellieren
   anrufen

3)a) Unfall
b) Zufall; Vorfall!

3)c) Komplikation
   (Krankheits-)
   Erscheinung

en avoir ras le bol
die Nase voll haben
([Trink-]Schale)

être au bout du rouleau
auf dem letzten Loch pfeifen
(Rolle)

Votre horoscope

5

Lion: *Vous ne vous sentez pas dans votre assiette*?
Réagissez. *Vous êtes aimable comme une porte de
prison* avec vos supérieurs? Faites un effort pour améliorer
vos rapports avec vos collègues. Il est temps de vous
ménager un peu et de surveiller votre santé. Faites de la
marche à pied au moins trois fois par semaine et supprimez
les graisses de votre alimentation. Quelques nuages côté
cœur. Un peu de diplomatie vous fera sortir de là.

6

Manu: Toujours un verre dans le nez

Je ne voulais pas demander d'aide. J'étais devenu
un pilier de bistrot*. L'argent que je gagnais *en
faisant la manche** passait dans l'alcool. *J'avais toujours un
verre dans le nez**, mais j'ai toujours été propre et je n'ai
jamais touché à la drogue.
En un an, j'ai dû manger deux ou trois repas chauds. On
peut vivre de sandwichs: Souvent j*e ne me sentais pas dans
mon assiette*, mais on s'habitue à tout. Les commerçants
étaient *aimables comme des portes de prison*, jamais bonjour, aucun ne m'a jamais rien donné à manger. Si, une fois
le marchand de pizzas.

1)

1) hi u umsetzen

---

ne pas se sentir dans son assiette
sich (in seiner Haut) nicht wohl fühlen
(Teller)

être aimable comme une porte de prison
griesgrämig, brummig sein,
den Charme einer Tiefkühltruhe haben
(Gefängnistür)

!

Votre horoscope

7

Vierge: Vous venez de *mordre la poussière*? Qu'à cela ne tienne, *repartez d'un meilleur pied**, mais faites un petit bilan avant de repartir. Vous avez voulu faire trop de choses et vous avez accepté trop de responsabilités. *Décrochez un peu**. Côté santé: surveillez votre poids.

Balance: Votre ciel est orageux. Vous avez tendance à vous croire persécuté et à vous enfermer dans un isolement incompréhensible. Vous semblez tellement *faire partie du décor* que les autres vous ignorent. Réagissez et retournez voir votre médecin, vous avez besoin de vitamines.

SDF ce n'est pas clochard

8

Vous trouvez ça digne, vous? Quand je vois les traiteurs, tous ces trucs qu'ils n'arrivent pas à vendre et qu'ils jettent à la poubelle. Le marchand de jouets, lui, était le plus sympa de la rue, il m'a même offert une bouteille à Noël. Les gens qui passent, eux, ne me voient pas, *je fais partie du décor*.
Et pourtant, SDF ce n'est pas pareil que clochard. Ça peut arriver à tout le monde. Mais les gens sont égoïstes du moment qu'ils ont leur télé, leur voiture, leurs vacances. Ils réalisent seulement quand ils doivent *mordre la poussière*. Moi, avant, j'étais pareil.

mordre la poussière
ins Gras beißen; Niederlage erleben / einstecken müssen
(Staub)

faire partie du décor
unauffällig, unscheinbar sein
(Schmuck, Zierrat, Hintergrund)

Votre horoscope

9

Scorpion: Cessez de *bâtir des châteaux en Espagne.* Grandissez un peu. Concentrez-vous sur votre vie professionnelle et familiale. Côté santé: une alerte. Mais là aussi: à vous de réagir.

Saggittaire: Vous avez un nouvel emploi, *vous êtes tout feu tout flamme.* Attention! Soyez vigilant, on va guetter vos réactions et quelques personnes peu honnêtes essaieront de profiter de votre bel optimisme. Côté santé: faites du vélo et buvez de l'eau.

10

Manu et la vie de bâton de chaise*

Quand j'étais jeune, *je bâtissais des châteaux en Espagne*, je me voyais aviateur ou missionnaire, j'ai toujours eu envie de partir. A neuf ans, j'ai été placé par le juge, ma mère ne pouvait pas me garder.

A douze ans, je fuguais tout le temps. Les flics me rattrapaient, mon père *sautait au plafond*, me disait de *débarrasser le plancher*, le juge *me passait un savon** et je recommençais.

A 22 ans, en débarquant à Paris, *j'étais tout feu tout flamme*: J'ai fait tous les petits boulots imaginables: garçon de café, vendeur sur les marchés, sur les foires, j'ai même été dans les assurances. Je dépensais tout avec mes copains à Deauville, à Trouville.

1) wachsen
groß / größer werden
stärker werden

bâtir des châteaux en Espagne
Luftschlösser bauen

être tout feu tout flamme
Feuer und Flamme sein

11 **Votre horoscope**

Capricorne: *Vous avez mené une vie de bâton de chaise* tout l'été: Reprenez-vous, il est encore temps. Supprimez l'alcool de votre menu et allez plus souvent au grand air. Côté travail: attention aux jaloux.

Verseau: Ne comptez pas trop sur vos bons «amis». Au premier vrai problème *ils prendront la poudre d'escampette*. Faites-vous plutôt des alliés dans votre propre famille. Attention aux problèmes digestifs.

12 **Pas de succès auprès des femmes**

Mais au lieu de *faire ma pelote**, *je menais une vie de bâton de chaise*. Après, bien sûr, il fallait *payer les pots cassés** et je me suis souvent retrouvé à l'hôpital ou *en cabane** pour la nuit.
Ce qui m'a manqué, c'est mon père. Ma mère, je ne l'ai jamais revue. Depuis 15 ans, aucune nouvelle.
Je n'ai jamais trouvé de femme qui me comprenne, peut-être parce que je suis trop direct. Chaque fois, *elles prennent la poudre d'escampette* et *je me retrouve en carafe**. Même si je suis solitaire, je rêve aussi de stabilité.

1) je reprendre
a) > fangen, fassen
> wieder in die Gewalt bekommen, so wieder Herr werden
b) > verbessern

2) Beständigkeit
Festigkeit
Stabilität

3) einsam, zurück-
gezogen (lebend)
hier allein stehend?

mener une vie de bâton de chaise
ein Lotterleben führen
(Stuhlbein)

prendre la poudre d'escampette
davonlaufen, ausreißen
das Hasenpanier ergreifen

13 **Votre horoscope**

Poissons: Vous êtes trop crédule. Vous avez cru que *l'affaire était dans le sac* et *vous jetez l'argent par les fenêtres* pour fêter ça. Attention: on vous en veut [1] dans votre entourage. Cherchez à qui votre départ de l'entreprise peut profiter. Côté santé: surveillez votre balance et envisagez un régime. Côté cœur: avez-vous fait le bon choix? Regardez d'un autre œil la personne avec qui vous vivez!

14 **Une vie au jour le jour***

Avec le journal, *j'ai repris un peu du poil de la bête*. Ça m'a permis de louer une chambre à l'hôtel. Il faut que je vende 20 journaux par jour pour payer la chambre. Je n'ai pas de quoi *jeter l'argent par les fenêtres*. En général, il me reste assez pour acheter des cigarettes. Ce que j'aimerais, c'est trouver un boulot, mais chaque fois que je pense que *l'affaire est dans le sac* après avoir télé-phoné aux employeurs, ils me *claquent la porte au nez* quand je me présente.

J'ai l'impression que personne ne s'intéresse à nous, les SDF. Quand on est sur *une voie de garage**, on y reste. C'est l'indifférence générale.

[handwritten notes:]

1) en vouloir à qn
a) jdm böse sein
   es jdm übel nehmen
   nachtragen
b) es auf jdn abgesehen
   haben, jd auf dem
   Kicker haben

l'affaire est dans le sac
die Sache, das Geschäft ist unter Dach und Fach
(Tasche)

jeter l'argent par les fenêtres
das Geld zum Fenster hinauswerfen

!

VOCABULAIRE

1. Votre horoscope: Bélier et Taureau

Bélier (m)
Widder
Taureau (m)
Stier
poussière (f)
Staub
pétrin (m)
Backtrog
réussite (f)
Erfolg
se décourager
den Mut verlieren
couple (m)
Paar
nager
schwimmen
moral (m)
Stimmung, seelische Verfassung
roulettes (f, pl)
Rollen (Möbel)
natif (m) de ce signe
der unter diesem Tierkreiszeichen Geborene
déployer des efforts (m, pl)
Anstrengungen unternehmen
ingéniosité (f)
Findigkeit
obtenir
erlangen, erhalten
porter ses fruits (m, pl)
Früchte tragen
refroidissement (m)
Erkältung;
f̂ : Abkühlung der Beziehungen

2. Manu dans le métro

SDF (Sans Domicile Fixe)
Obdachlose(r)
15 francs et des poussières (f, pl)
15 Francs und ein paar zerquetschte

les regards (m, pl) fuient
die Blicke weichen aus
plonger la tête dans le journal
den Kopf in die Zeitung stecken
changer de wagon (m)
den Wagen wechseln
solliciter qn
j-n ersuchen, bitten, angehen um

3. Votre horoscope: Gémeaux et Cancer

Gémeaux (m, pl)
Zwillinge
Cancer (m)
Krebs
ailleurs
anders(wohin)
quitte à
auf die Gefahr hin, wenn auch
empêcher qn de faire qc
j-n daran hindern, etwas zu tun
méfiez-vous
seien Sie auf der Hut
courant d'air (m)
Luftzug

4. Manuel prend la porte

prendre la porte
hier: kündigen
avoir les nerfs (m, pl) en pelote
nur noch eine Nervenbündel sein
Noël
Weihnachten
toucher
(be)rühren
passer Noël (m) seul, e
Weihnachten allein verbringen
s'envoyer petit verre sur petit verre
ein Gläschen nach dem anderen
hinter die Binde kippen
se suicider
Selbstmord begehen

continuer à plonger
immer tiefer sinken
s'en sortir
damit fertig werden, zu Rande
kommen

5. Votre horoscope: Lion

Lion (m)
Löwe
supérieur (m)
Vorgesetzter
améliorer ses rapports (m, pl)
avec qn
seine Beziehungen zu j-m
verbessern
faire un effort
sich anstrengen
se ménager
sich schonen
surveiller sa santé
auf seine Gesundheit achten
graisse (f)
Fett
alimentation (f)
Nahrung, Verpflegung
nuage (m)
Wolke
côté cœur (m)
was die Herzensangelegenheiten
angeht

6. Manu: Toujours un verre dans le nez

un pilier de bistrot (m)
Saufbruder, Schluckspecht
faire la manche
betteln, Geld sammeln
un verre dans le nez
einen in der Krone haben
toucher à la drogue
es mit Drogen versuchen,
Rauschgift nehmen

j'ai dû manger un repas
ich muss wohl eine Mahlzeit zu
mir genommen haben
si
doch

7. Votre horoscope: Vierge et Balance

Vierge (f)
Jungfrau
Balance (f)
Waage
qu'à cela ne tienne
daran soll's nicht liegen
repartir d'un meilleur pied
es aufs Neue versuchen
responsabilité (f)
Verantwortung
décrocher un peu
ein wenig abschalten
côté santé (f)
in puncto Gesundheit
surveillez votre poids (m)
achten Sie auf Ihr Gewicht
le ciel est orageux
Gewitter liegt in der Luft
persécuté
verfolgt
s'enfermer
sich einschließen, abkapseln
isolement (m)
Einsamkeit
incompréhensible
unverständlich
voir son médecin
zum Arzt gehen

8. SDF ce n'est pas clochard

SDF (Sans Domicile Fixe)
Obdachloser
digne
würdig

traiteur (m)
Besitzer eines Delikatessengeschäfts
poubelle (f)
Mülleimer
jouet (m)
Spielzeug
pareil, le
gleich, vergleichbar
du moment que
sobald

9. Votre horoscope: Scorpion et Sagittaire

Sagittaire (m)
Schütze
cesser de faire
mit etwas aufhören
alerte (f)
Warnschuss
vigilant, e
wachsam

10. Manu et la vie de bâton de chaise

bâtir
bauen
bâton de chaise (m)
Stuhlbein
mener une vie de bâton de chaise
ungeregeltes, ausschweifendes Leben, ein Lotterleben führen
bâtir des châteaux en Espagne
Luftschlösser bauen
château (m)
Schloss
Espagne (f)
Spanien
aviateur (m)
Flieger, Pilot
placer par le juge
in die Jugendfürsorge geben
fuguer
ausreißen

flic (m)
Polizist
sauter au plafond
an die Decke gehen
débarrasser
frei machen, räumen
plancher (m)
Fußboden
débarrasse-moi le plancher!
scher dich zum Teufel, zum Henker!; hau ab!
rattraper
wieder einfangen
passer un savon à qn
j-m den Kopf waschen; j-m e-e Standpauke halten
débarquer
landen
boulot (m)
Job
foire (f)
Messe, Ausstellung, Volksfest
dépenser
ausgeben
Deauville
Seebad, berühmt für Pferderennen
Trouville
mondänes Seebad

11. Votre horoscope: Capricorne et Verseau

Capricorne (m)
Steinbock
Verseau (m)
Wassermann
au grand air
in / an der frischen Luft
jaloux, se
Eifersüchtige(r)
allié (m)
Verbündeter
problème digestif
Verdauungsproblem

12. Pas de succès auprès des femmes

faire sa pelote
sein Schäfchen ins Trockene bringen
payer les pots cassés
die Zeche bezahlen; für den Schaden aufkommen
cabane (f)
Hütte, Schuppen
se retrouver en cabane
im Kittchen landen
nouvelle (f)
Nachricht
femme qui me comprenne
verständnisvolle Frau (Konjunktiv im Nebensatz wegen eines gewünschten Merkmals)
se retrouver en carafe (f)
im Stich gelassen werden

13. Votre horoscope: Poissons

Poissons (m, pl)
Fische
crédule
gutgläubig
entourage (m)
Umgebung
départ (m) de l'entreprise (f)
Ausscheiden aus der Firma
régime (m)
Diät

14. Une vie au jour le jour

vivre au jour le jour
von der Hand in den Mund leben; in den Tag hinein leben
reprendre
wieder nehmen
poil (m)
Fell

reprendre un peu du poil de la bête
wieder hochkommen; sich wieder hochrappeln
boulot (m)
Job, Arbeit
claquer la porte au nez de qn
j-m die Tür vor der Nase zuschlagen
employeur (m)
Arbeitgeber
sur une voie de garage
auf dem Abstellgleis
indifférence (f)
Gleichgültigkeit

Vokabelhilfen zu den Übungen

action (f)
hier: Aktie
lendemain (m)
nächster Tag
plancher (m)
Fußboden
prison (f)
Gefängnis
repartir à zéro
von vorn anfangen
reprendre enfin le dessus
wieder auf die Beine kommen

EXERCICES

1. Quelles sont les bonnes réponses

Parfois il y a plus d'une bonne réponse.

1. Manu a des problèmes, il ne sait pas quoi faire.
    a Il est dans le pétrin.
    b Il est sur une voie de garage.
    c Il se retrouve en cabane.
    d Il ne se sent pas dans son assiette.

2. Manu n'a plus un sou, alors il vend des journaux et
    a il saute au plafond.
    b il mord la poussière.
    c il fait la manche.
    d il jette l'argent par les fenêtres.

3. Etre dans la rue ce n'est pas son affaire
    a parce que l'affaire est dans le sac.
    b parce que l'affaire marche comme sur des roulettes.
    c parce qu'il est tout feu tout flammes.
    d parce qu'il en a ras le bol.

4. Il a eu des problèmes avec la police et plus d'une fois
    a il s'est retrouvé dans un château en Espagne.
    b il s'est retrouvé en cabane.
    c il s'est retrouvé en carafe.
    d il s'est retrouvé dans le pétrin.

5. Manu passe la journée sans penser au lendemain.
    a Il vit au jour le jour.
    b Il reprend un peu du poil de la bête.
    c Il prend la poudre d'escampette.
    d Il fait table rase.

6. Manu mène une vie de bâton de chaise.
    a Il en a ras le bol.
    b C'est un pilier de bistrot.
    c Il aime la bouteille.
    d Il a souvent un verre dans le nez.

2. Corrigez les erreurs

1. Depuis quelques jours je ne me sens pas dans ma tasse.
2. J'en ai ras le verre de ses enfants.
3. Ouf! L'affaire est dans la poche.
4. Tu es insupportable quand tu as un verre dans la tête.
5. Tu es trop optimiste. Tu bâtis des maisons en Pologne.
6. Furieux, il a sauté au plancher et m'a dit de débarrasser le plafond.

3. Complétez

1. Un jour Manu .... la manche devant Notre Dame.

2. Il était .... feu .... flamme parce que tout le monde donnait.

3. Mais le concierge est arrivé; il était .... comme une porte de ....

4. Quand Manu lui a demandé un peu d'argent il a ....au plafond.

5. Nous n'avons pas d'argent à .... par les fenêtres, a-t-il crié.

6. J'en ai .... le .... des gens comme toi.

7. Les SDF, ce n'est pas ma .... de ...., a-t-il hurlé.

8. ....-moi le .... !

9. Et il a .... la porte au .... de Manu et a appelé le curé.

10. Alors Manu a .... la poudre ....

4. Dites-le en employant des façons de parler

Employez *sac, poil, meuble, rouleau, argent, poudre.*

1. Nous étions certains que l'affaire *était sûre et aurait un grand succès.*

2. C'est pourquoi nous avions espéré reprendre enfin *le dessus.*

3. Mais nous nous sommes trompés. C'était notre dernière chance, messieurs, nous *n'avons plus ni argent; ni énergie.*

4. Nous avons *vendu pour rien toutes les actions* de nos clients.

5. Nous n'avons même pas réussi à sauver *le peu d'argent* qui nous restait.

6. Il nous reste une seule solution, *c'est de quitter très vite le pays* pour échapper à des années de prisons.

5. Les Carrés Magiques

Welcher Buchstabe gehört zu welcher Zahl? Tragen Sie die Zahlen in die Quadrate ein. Reihen und Spalten addieren sich zur magischen Zahl 15.

a carafe	**b** porte	**c** table
d roulettes	**e** maison	**f** tapisserie
g décor	**h** plancher	**i** chambre

1. Tu mets toujours le pied au ....
   Tu n'as pas vu la limite de vitesse? Il faut rouler à 60.
2. On est restés en ....
   dans la forêt, avec cette vieille voiture.
3. Aucun garçon s'intéresse à elle. La pauvre fait toujours
   ....
4. Faisons .... rase. Oublions tout et repartons à zéro.
5. Marie, une vieille employée, avait trente ans de ....
6. Marie fait partie du .... Le directeur ne
   l'a presque pas remarquée, alors elle n'a pas fait carrière.
7. L'affaire est dans le sac. Tout a marché comme sur des
   ....
8. De deux choses l'une: ou tu oublies cette fille ou à partir
   d'aujourd'hui on fait .... à part.
9. Après trente ans de maison on a mis la vieille Marie à la
   ....

a =	b =	c =
d =	e =	f =
g =	h =	i =

6. Classez l'allemand et le français.

a Er hat den Charme einer Tiefkühltruhe

b Machen wir reinen Tisch.

c Kipp nicht ein Glas nach dem anderen runter.

d Das ist nicht deine Angelegenheit.

e Tina hat viel Holz vor der Hütte.

f Du hast einen in der Krone.

g Er wirft das Geld zum Fenster raus.

h Er hat mir die Tür vor der Nase zugemacht.

i Er versucht zu retten, was zu retten ist.

j Er wohnt immer noch im Elternhaus.

k Du scheinst gern einen zu heben.

l Er führt ein Lotterleben.

Bon courage!

1. Il mène une vie de bâton de chaise.
2. Il essaie de sauver les meubles.
3. Faisons table rase.
4. Tu as un verre dans le nez.
5. Ne t'envoie petit verre sur petit verre.
6. Tu sembles aimer la bouteille.
7. Ce n'est pas ta tasse de thé.
8. Il jette l'argent par les fenêtres.
9. Il m'a claqué la porte au nez.
10. Il vit toujours sous le toit paternel.
11. Chez Tina, il y a du monde au balcon.
12. Il est aimable comme une porte de prison.

D'UN COUP D'ŒIL

Pour les pessimistes – Redensarten für Pessimisten

être dans le pétrin
in der Tinte sitzen

faire la manche
betteln, Geld sammeln

être au bout du rouleau
auf dem letzten Loch pfeifen

ne pas se sentir dans son assiette
sich (in seiner Haut) nicht wohl fühlen

être sur une voie de garage
auf einem Abstellgleis sein

mordre la poussière
ins Gras beißen; Niederlage erleben/ einstecken müssen

faire partie du décor
unauffällig, unscheinbar sein

faire tapisserie
ein Mauerblümchen sein; sitzen bleiben

en avoir ras le bol
die Nase voll haben

se retrouver en cabane
sich im Kittchen wiederfinden

sauver les meubles
das Nötigste retten

rester / se retrouver en carafe
festsitzen, im Stich gelassen werden

Pour les optimistes – Redensarten für Optimisten

être tout feu tout flamme
Feuer und Flamme sein

bâtir des châteaux en Espagne
Luftschlösser bauen

l'affaire est dans le sac
die Sache, das Geschäft ist unter Dach und Fach

jeter l'argent par les fenêtres
das Geld zum Fenster hinauswerfen

reprendre du poil de la bête
wieder hochkommen; sich wieder hochrappeln

marcher comme sur des roulettes (f, pl)
wie am Schnürchen laufen, wie geschmiert gehen

vivre au jour le jour
von der Hand in den Mund leben; in den Tag hinein leben

Question de tempérament – Temperamentssache

claquer la porte au nez
die Tür vor der Nase zuschlagen

sauter au plafond
an die Decke gehen

être aimable comme une porte de prison
griesgrämig, brummig sein, den Charme einer Tiefkühltruhe haben

débarrasse-moi le plancher!
scher dich zum Teufel, zum Henker!; hau ab!

ce n'est pas ma tasse de thé
das ist nicht nach meinem Geschmack; das gefällt mir nicht; das ist nicht mein Fall

faire table rase (f)
reinen Tisch machen

faire chambre (f) à part
getrennt schlafen

il y a du monde au balcon
sie hat viel Holz vor der Hütte

avoir trente ans de maison (f)
dreißig Jahre in der Firma tätig sein

mettre à la porte
vor die Tür setzen

mettre le pied au plancher
das Gaspedal ganz durchtreten

vivre sous le toit paternel
im Elternhaus, bei s-n Eltern wohnen

prendre la poudre d'escampette
  davonlaufen, ausreißen

Pour les adorateurs de la bouteille – Für Liebhaber der Flasche

mener une vie de bâton de chaise
  ein ungeregeltes, ausschweifendes Leben, ein Lotterleben führen
c'est un pilier de bistrot
  er hockt immer in der Kneipe
avoir un verre dans le nez
  einen in der Krone haben
**s'envoyer petit verre sur
petit verre**
  ein Gläschen nach dem andern
  hinter die Binde kippen
aimer la bouteille
  gern einen trinken, heben

LE MONDE DES ANIMAUX

1 **Pour rire un peu:**
Un curieux malade et Leçon de choses

«Docteur, quand je mange comme un bœuf, *je suis malade comme un chien*, et quand je travaille trop, je suis fatigué comme un vieux cheval. Que me conseillez-vous?»
«D'aller consulter un vétérinaire».

Les élèves d'une classe ont reçu comme sujet: «Que savez-vous sur le sucre?» Le professeur rend son devoir à Lulu: «Ton devoir *ne casse pas trois pattes à un canard*, mon petit! Je t'ai mis 5 sur 20!»
Lulu avait écrit ces simples mots: «Le sucre est blanc. Il donne mauvais goût au café quand on oublie d'en mettre.»

2 **Didier Bourdin, viticulteur, nous parle de son métier**

Quand le vin est tiré, chacun le sait, *il faut le boire**. Pour Didier, cet instant crucial de la première cuvée remonte à septembre 1995.
«C'était comment, Didier, ce premier verre?»
«Le tout premier, franchement, il n'aurait pas *cassé trois pattes à un canard*! Le raisin au début de sa fermentation, je peux vous assurer que ce n'est pas terrible. J'ai même été *malade comme un chien* les premiers jours à force de goûter. Surtout quand on n'y connaît rien, comme c'était mon cas. Mais heureusement, un œnologue *m'a pris sous son aile** et il m'a dit: On va faire quelque chose de super. J'ai essayé de le croire.»

être malade comme un chien
sich hundeelend fühlen

ne pas casser trois pattes à un canard
nichts Besonderes sein, nicht viel taugen
(Ente)

3 Pour rire un peu:
Ça n'a aucune importance et Un bon métier

Marie est la nouvelle bonne des De Bouton. *Elle se donne un mal de chien* pour servir à table et pourtant …

Madame: Mais Marie, faites donc un peu attention. Vous versez de la sauce sur le tapis!

Marie: Oh! Madame, ça n'a aucune importance, il y en a encore pas mal dans la cocotte.

Un père de famille très pauvre, venant voir le professeur de son fils, lui dit: Que me conseillez-vous de faire pour éviter que mon fils ne *mange de la vache enragée*, plus tard, comme cela m'est arrivé?

Le professeur: Faites-lui faire des études pour devenir aviateur! Il a d'excellentes dispositions pour ce métier.

Le père: Ah! Vraiment?

Le professeur: Certainement, monsieur, parce que votre fils *est toujours dans les nuages**.

4 Les efforts seront-ils couronnés de succès?

Trois semaines plus tard, Didier Bourdin était déjà *connu comme le loup blanc** dans toute la région. On racontait qu'il était en train de réussir un vin assez extraordinaire. Mais même quand le vrai breuvage a coulé de la cuve, Didier n'y croyait toujours pas.

«Franchement, après *le mal de chien qu'on s'était donné* pour réussir ce vin, je ne le trouvais pas terrible.»

Imagine-t-on l'angoisse d'un jeune viticulteur quand sort son premier vin après dix ans d'efforts et de *vache enragée*?

se donner un mal de chien
sich abrackern

manger de la vache enragée
am Hungertuch nagen
(Kuh)

5 **Pour rire un peu:**
Pluie coûteuse et Un client distrait

«Mon Dieu, *il fait un temps à ne pas mettre un chien dehors*! Et ma femme n'a pas son parapluie!»
«Ne t'en fais pas, elle va se réfugier dans un magasin.»
«Mais c'est justement ça qui m'inquiète.»

Il pleut à torrent. Un homme *trempé comme un canard* va chez un marchand de parapluies. Il en achète un. Le paie et dit en ressortant:
«Vous le ferez livrer chez moi, s'il vous plaît! »

6 **Le hasard fait bien les choses**

Pour Didier, tout avait commencé en 1980, un peu par hasard. Il faisait de l'escalade dans la région et comme *il faisait un temps à ne pas mettre un chien dehors*, il s'était réfugié dans une ferme. Là, il a appris que les vignes étaient abandonnées et qu'on pouvait les acheter *pour une bouchée de pain**.
Trempé comme un canard, mais *heureux comme un roi**il a aussitôt décidé d'aller trouver le notaire et d'acquérir les cinq hectares de terrain.

il fait un temps à ne pas mettre un chien dehors
ein Wetter, bei dem man keinen Hund vor die Tür jagt

trempé comme un canard
pudelnass
(Ente)

**Pour rire un peu:
Une bonne résolution et Une chronologie à
l'envers**

Deux naufragés sont accrochés à une planche depuis deux
jours. L'un deux n'en pouvant plus se met à prier et dit:
«Mon Dieu, je reconnais que je suis *un drôle de zèbre*
doublé d'un ivrogne, mais si tu me sauves, je te jure sur ce
que j'ai de plus sacré que jamais je ne …»
A ce moment précis, son compagnon se met à crier:
«Arrête! Ne va pas plus loin, voici un bateau en vue!»

Deux caissières discutent.
«Que ferais-tu si tu devenais la maman de deux beaux
jumeaux?»
«Je leur achèterais la même layette, et comme *j'aurais mis
la charrue avant les bœufs*, j'irais me marier.»

C'est en forgeant qu'on devient forgeron*

Deux ans plus tard, il achète trente autres hectares juste à côté des premiers. Mais l'argent *ne se
trouve pas sous le pas d'un cheval**. Didier doit emprunter
et il achète encore du terrain.
«*J'ai un peu mis la charrue avant les bœufs*», dit-il
aujourd'hui, «mais je crois que j'ai eu raison.»
Les premières années sont dures. Tout est à faire. Le vignoble est laissé en friche depuis si longtemps. En plus, Didier
continue ses études d'agronomie.
«Les autres étudiants pensaient que *j'étais un drôle de
zèbre*, mais ils m'aimaient bien quand même.»

un drôle de zèbre
ein komischer Kauz
(Zebra)

mettre la charrue avant les bœufs
das Pferd beim Schwanz aufzäumen
(Ochsen)

9 Pour rire un peu: Séparation de corps et de biens

Deux artistes de music-hall se rencontrent après vingt ans.

«Salut, comment vas-tu? Alors toujours dans le métier?»

«Oui, oui, toujours.»

«Je me souviens, tu avais *un succès bœuf* avec ton numéro. Tu coupais ta femme en morceaux. C'était impressionnant!»

«Ah oui, mais c'est fini.»

«Ah bon, et pourquoi?»

«Parce qu'elle me trompait et que j'ai vite senti qu'*il y avait anguille sous roche*.»

«Et qu'est-ce qu'elle est devenue, ta femme?»

«Elle est partie et à présent elle s'est installée à Bordeaux et à Strasbourg.»

10 Je menais une double vie

«Tôt le matin, j'étais dans les vignes et après, j'allais à la fac.»

Mais il aime ça, vivre à la campagne, et un jour, il décide de *faire le grand saut**: produire son propre vin.

«Je n'avais rien raconté à mes parents, mais il se doutaient qu'*il y avait anguille sous roches*.»

Il s'associe avec un ami et tout de suite leur vin a *un succès bœuf*.

«Malgré tout, ce n'était pas si simple. Dans la profession on m'a *reçu comme un chien dans un jeu de quille**, et les vignerons du coin *ont un caractère de cochon**».

un succès bœuf
ein Riesenerfolg
(Ochse)

il y a anguille sous roche
hier ist etwas nicht geheuer
(Aal)

77

11

Pour rire un peu:
L'élève qui n'a rien fait et Fausse modestie?

Olivier est un élève insupportable qui *fait tourner son maître en bourrique*. En plus, il est très paresseux. Un jour, il s'approche du maître et lui dit:
«Vous ne puniriez pas un élève qui n'a rien fait?»
«Bien sûr que non, Olivier. Ce serait très injuste.»
«Alors je vous annonce que je n'ai pas fait mes devoirs.»

Un ouvrier vient de gagner une énorme somme au loto.
«Alors, à présent votre vie va changer. Qu'est-ce que vous allez faire?»
«Ce que je vais faire? *Je vais m'en donner à cœur joie**. Ça fait 20 ans que je me prive de tout. Dès demain, je vais revendre mon vélo et m'acheter un tandem. J'engagerai un chauffeur qui me conduira tous les matins à l'usine. Je vais *être heureux comme un poisson dans l'eau*.»

Le monde appartient à ceux qui se lèvent tôt*

12

«Heureusement que j'étais petit-fils de vigneron, sinon ils m'auraient *fait tourner en bourrique*. Un seul a essayé de me plumer, mais en fait, c'est lui qui *a été le dindon de la farce**.»
Didier habite aujourd'hui son domaine, une belle maison de bois à plusieurs niveaux dans le style bordelais. Il travaille au fax et à l'ordinateur. Ingénieur agronome et économiste, *heureux comme un poisson dans l'eau*, Didier a aussi l'instinct de la vigne. Il a réussi au delà de toutes espérances et peut continuer à nous produire ces bons millésimes qui ont fait sa réputation.

faire tourner quelqu'un en bourrique
jemanden auf die Palme bringen
(Esel)

heureux comme un poisson dans l'eau
sich wohl fühlen, munter sein wie ein Fisch im Wasser

!

VOCABULAIRE

1. Un curieux malade et Leçon de choses

curieux malade (m)
eigenartiger Kranker
bœuf (m)
Ochse
chien (m)
Hund
cheval (m)
Pferd
conseiller qc à qn
j-m etw raten
vétérinaire (m)
Tierarzt
sujet (m)
Thema
patte (f)
Pfote
canard (m)
Ente
recevoir (participe passé **reçu**)
erhalten
mettre 5 sur 20
5 von 20 Punkten geben
goût (m)
Geschmack

2. Didier Bourdin, viticulteur, nous parle de son métier

quand le vin est tiré, il faut le boire
wer A sagt, muss auch B sagen
instant (m) crucial
kritischer Augenblick
cuvée (f)
Jahrgang
remonter à
zurückgehen auf, bis
verre (m)
Glas
raisin (m)
Traube
à force de goûter
durch, wegen des vielen Probierens

œnologue (m)
Weinbaufachmann
aile (f)
Flügel
prendre qn sous son aile
j-n unter seine Fittiche nehmen

3. Ça n'a aucune importance et Un bon métier

bonne (f)
Dienstmädchen
verser
gießen
cocotte (f)
Kochtopf
conseiller qc à qn
j-m etw raten
éviter
vermeiden
vache(f)
Kuh
enragé, e
tollwütig
études (f, pl)
Studium
aviateur (m)
Pilot
nuage (m)
Wolke
être toujours dans les nuages
geistesabwesend sein; in Gedanken woanders sein

4. Les efforts seront-ils couronnés de succès?

loup (m)
Wolf
connu comme le loup blanc
bekannt wie ein bunter Hund
breuvage (m)
Getränk, Gebräu
réussir un vin
einen Wein erfolgreich ausbauen

cuve (f)
 Fass
couler
 fließen
angoisse(f)
 Angst
viticulteur (m)
 Weinbauer
effort (m)
 Anstrengung

5. Pluie coûteuse et Un client distrait

client (m)
 Kunde
distrait, e
 zerstreut
parapluie (m)
 Regenschirm
se réfugier
 sich flüchten, fliehen
s'inquiéter
 sich Sorgen machen
pleuvoir à torrent
 in Strömen
trempé
 durchnässt

6. Le hasard fait bien les choses

le hasard fait bien les choses
 der Zufall fügt die Dinge wohl
par hasard (m)
 durch Zufall
faire de l'escalade (f)
 bergsteigen
ferme (f)
 Bauernhof
vigne (f)
 Weinberg
abandonner
 verlassen, aufgeben
bouchée (f)
 Bissen

acheter / vendre pour
une bouchée de pain
 für 'nen Appel und 'n Ei
 kaufen /verkaufen
heureux comme un roi
 glücklich wie ein Schneekönig
acquérir
 erwerben

7. Une bonne résolution et Une chronologie à l'envers

résolution (f)
 Entschluss, Vorsatz
naufragé (m)
 Schiffbrüchiger
accroché à une planche (f)
 an ein Brett geklammert sein
se mettre à prier
 anfangen zu beten
doublé de
 zugleich, gleichzeitig,
ivrogne (m); et doublé d'un ~
 und ein Säufer obendrein
sauver
 retten
jurer
 schwören
sacré
 heilig
compagnon (m)
 Gefährte
crier
 schreien
un bateau (m) en vue (f)
 ein Schiff in Sicht
une chronologie à l'envers
 verkehrte Reihenfolge
caissière (f)
 Kassiererin
jumeaux (m, pl)
 Zwillinge
layette (f)
 Babyausstattung
charrue (f)
 Pflug

j'irais me marier
  ich würde heiraten

8. C'est en forgeant qu'on devient forgeron

forger
  schmieden
forgeron (m)
  Schmied
c'est en forgeant qu'on devient forgeron
  es ist noch kein Meister vom Himmel gefallen
l'argent ne se trouve pas sous le pas d'un cheval
  das Geld liegt nicht auf der Straße
emprunter de l'argent (m)
  sich Geld leihen
raison (f); avoir ~
  Recht haben
vignoble (m)
  Weinberg
laisser en friche
  brachliegen lassen
agronomie (f)
  Agrarwissenschaft

9. Séparation de corps et de biens

séparation (f) de corps et de biens
  Trennung von Tisch und Bett
artiste (m) de music-hall
  Varietékünstler
bœuf (m)
  Ochse
couper en morceaux (m, pl)
  in Stücke schneiden
tromper qn
  j-m untreu sein, betrügen
sentir
  fühlen
anguille (f)
  Aal

roche (f)
  Felsen
qu'est-ce qu'elle est devenue
  was ist aus ihr geworden
s'installer à
  sich niederlassen in

10. Je menais une double vie

mener une double vie
  ein Doppelleben führen
tôt
  früh
fac, faculté (f)
  Uni
faire le grand saut
  den Sprung ins Wasser wagen, etwas riskieren
se douter de qc
  etw ahnen
s'associer avec
  sich zusammentun mit
jeu de quille (f)
  Kegelspiel
recevoir comme un chien dans un jeu de quille
  sehr ungnädig, unfreundlich empfangen
les vignerons du coin
  die einheimischen Winzer
avoir un caractère de cochon (m)
  einen schwierigen Charakter haben

11. L'élève et son maître et Fausse modestie?

fausse modestie (f)
  falsche Bescheidenheit
élève insupportable
  unerträglicher Schüler
bourrique (f)
  Esel
paresseux, se
  faul, träge

s'approcher de qn
  auf j-n zugehen
punir
  bestrafen
faire ses devoirs (m, pl)
  seine Hausaufgaben machen
venir de gagner
  soeben gewonnen haben
je vais m'en donner à cœur joie
  ich werde tun, wozu ich Lust
  habe
se priver de tout
  sich alles versagen,
  nichts gönnen
dès demain
  gleich morgen
usine (f)
  Fabrik
poisson (m)
  Fisch

12. Le monde appartient à ceux qui se lèvent tôt

le monde appartient à ceux qui se lèvent tôt
  Morgenstund hat Gold im Mund
farce (f)
  Füllung
plumer qn
  j-n ausnehmen, rupfen
dindon (m)
  Truthahn
être le dindon de la farce
  der Dumme sein, das Nachsehen
  haben
style bordelais
  Baustil, der typisch für Bordeaux
  ist
ordinateur (m)
  Computer
réussir
  Erfolg haben
au delà de toutes espérances
  alle Hoffnung übertreffend

millésime (m)
  Jahrgang
réputation (f)
  Ruf

Vokabelhilfen zu den Übungen

bol (m)
  Trinkschale
défendre
  verteidigen
dupe (f)
  der, die Dumme
langue (f)
  Zunge, Sprache
médiocre
  mittelmäßig
mégot (m)
  Zigarettenstummel
mouillé, e
  durchnässt
négociation (f)
  Verhandlung
petit boulot (m)
  Nebenjob
recompenser
  belohnen
réputation (f)
  Ruf, Leumund
se quereller
  sich streiten

EXERCICES

1. Trouvez la meilleure solution

1. Yves est écrivain. Il *mange de la vache enragée.*
   a Yves mange du bœuf. Il aime la viande.
   b Yves n'a pas d'argent.
   c Yves aime la vache qui rit mais préfère la vache enragée.
   d Yves doit manger tout ce que sa femme lui sert.

2. Pour gagner de l'argent Yves a écrit un roman, un roman qui ne *casse pas trois pattes à un canard.*
   a C'est un roman médiocre.
   b C'est un roman sur la vie des canards.
   c C'est un roman sur un canard à trois pattes.
   d C'est un roman qui défend la chasse aux canards.

3. Yves a essayé de trouver des petits boulots mais …
   a l'argent ne se trouve pas sous le pas d'un cheval.
   b l'anguille ne se trouve pas sous la roche.
   c quand le vin est tiré, il faut le boire
   d c'est un travail de chien.

4. Yvette, la femme d'Yves, a *un caractère de cochon.*
   a Yvette est grasse, sale comme un cochon.
   b C'est une femme qui a mauvaise réputation.
   c Elle est difficile à vivre.
   d Yvette a une tête de cochon.

5. Yvette *fait tourner son mari en bourrique.*
   a C'est Yvette qui porte la culotte à la maison.
   b Yvette danse avec Yves.
   c Yvette veut le rendre fou.
   d Yvette le porte aux nues.

6. Yves et Yvettes *s'entendent comme chien et chat.*
   a Ils ont gardé les cochons ensemble.
   b Ils sont heureux comme des poissons dans l'eau.
   c Il y a anguille sous roche.
   d Il se querellent souvent.

2. Corrigez les erreurs!

Jeder Satz ein Fehler. Erinnern Sie sich an die französischen Bilder?

1. Comme vous savez, Yves s'est donné *un mal de cochon* pour écrire un roman.

2. Il pense que son roman aura un *succès vache*.

3. *«Quand la bière est tirée, il faut la boire,»* lui dit Yvette. «Tu as écrit un roman, alors il faut le publier.»

4. Il trouve un éditeur, M. Morel, qui est prêt à le *prendre sous sa patte*.

5. Mais cet éditeur a un *caractère de canard*.

6. Il veut acheter le roman pour *une pomme et un pain*.

7. Il dit à Yves que ce roman *ne casse pas trois pattes à un chat*.

8. «Pour moi, publier ce roman c'est *faire le grand bol*,» lui dit-il.

9. Yvette pense que M. Morel n'est pas honnête. Elle pense qu'*il y a poisson sous roche*.

10. Yvette dit à Yves que M. Morel veut le récompenser et qu'il sera le *poisson de la farce*.

11. En fait, parmi les écrivains M. Morel est *connu comme le chien multicolore*.

3. Deux contrôles valent mieux qu'un

1. Wird Yves der Dumme sein?
Yves, sera-t-il le .... de la .... ?

2. Wer A sagt, muss auch B sagen.
Quand .... est tiré, il faut le ....

3. M. Morel nimmt ihn unter seine Fittiche.
M. Morel le .... sous son ....

4. M. Morel will seinen Roman für 'n Appel und 'n Ei / für
ein Butterbrot kaufen.
M. Morel veut acheter son roman pour une ....
.... de ....

5. Der Roman ist nichts Besonderes.
Le roman ne casse pas trois ....
à un ....

6. M. Morel ist bekannt wie ein bunter Hund.
M. Morel est connu comme le ....

4. Quelques façons de parler en prime

Abgesehen von Wolf und Katze haben wir andere Tiere, aber sonst sind beide Sprachen ziemlich ähnlich. Übung macht den Meister – *C'est en forgeant qu'on devient forgeron.*

1. s'entendre comme chien et chat
   wie .... und ....
   sein, miteinander leben

2. appeler un chat un chat
   die ....
   beim .... nennen

3. un drôle d'oiseau
   ein ....

4. avoir une faim de loup
   einen ....
   .... haben

5. monter sur ses grands chevaux
   sich aufs ....
   setzen

6. se jeter dans la gueule du loup
   sich in die ....
   des ....

7. voler de ses propres ailes
   auf .... stehen

5. Dites-le en employant des idiomes

Welche Redensart charakterisiert die Situation?

1. Il fait du vent, il pleut et il fait froid.
Il fait ....

2. Je suis mouillé jusqu'aux os.
Je suis ....

3. Demain je risque d'être au lit avec une grippe et de la fièvre.
Je serai ....

4. Je rentre à la maison. J'ai très, très faim
J'ai.. .

5. Brigitte n'a pas l'air contente de me voir si tôt.
Je suis reçu ....

6. Je n'en crois pas mes yeux: deux verres sur la table et
dans le cendrier le mégot d'une cigarette.
Il y a ....

7. Me trompe-t-elle encore une fois? Suis-je la dupe dans
cette affaire.
Suis-je ... ?... .

6. Les Carrés Magiques

1. Ergänzen Sie das fehlende Verb (siehe Schlüssel Seite 203).
2. Tragen Sie die Zahlen in die richtigen Quadrate ein.
Reihen und Spalten addieren sich zur magischen Zahl 15.

a bœuf	**b** vache	**c** chat
d chien	**e** chevaux	**f** cochons
g dindon	**h** canard	**i** loup

1. Yves a des difficultés financières. Il ....
   de la .... enragée.
2. Dans son village Yves est ....
   comme le loup ....
3. Yves .... souvent d'une humeur de ....
4. Il a essayé de vendre son roman mais lors des négocia-
   tions avec M. Morel, son éditeur, il a ....
   le .... de la farce.
5. Yves voulait expliquer la situation à sa femme mais celle-ci
   ne voulait rien entendre. Elle est ....
   sur ses grands ....
6. Yves ne connaît pas la réponse aux questions que lui pose
   sa femme. Il a .... sa langue au ....
7. «Ne me tutoie pas», a dit M. Morel à Yves, «nous n'avons
   pas .... les .... ensemble.»
8. Deux ans plus tard, le roman de Yves a ....
   un succès ....
9. Prenez toujours un parapluie pour ne pas être ....
   comme un ....

a =	b =	c =
d =	e =	f =
g =	h =	i =

Le chien et le chat – Hund und Katz

il fait un temps à ne pas mettre un chien dehors
ein Wetter, bei dem man keinen Hund vor die Tür jagt

arriver comme un chien dans un jeu de quille
als ungebetener Gast kommen

être d'une humeur de chien
eine Stinklaune haben

je suis malade comme un chien
sich hundeelend fühlen

se donner un mal de chien
sich abrackern, sich eine wahnsinnige Mühe geben

être, s'entendre comme chien et chat
wie Hund und Katze sein, miteinander leben

donner sa langue au chat
es aufgeben, die Antwort nicht finden

chat échaudé craint l'eau froide
gebranntes Kind scheut das Feuer

il n'y a pas un chat
da ist keine Menschenseele

appeler un chat un chat
die Dinge beim Namen nennen

Les animaux de la ferme – Tiere auf dem Bauernhof

manger de la vache enragée
am Hungertuch nagen

avoir un succès bœuf
einen Riesenerfolg haben

l'argent ne se trouve pas sous le pas d'un cheval
das Geld liegt nicht auf der Straße

monter sur ses grands chevaux
sich aufs hohe Ross setzen

faire tourner qn en bourrique
j-n auf die Palme bringen

être têtu comme une bourrique
stur wie ein Ochse sein

plein comme une bourrique
sternhagelvoll, voll wie eine Strandhaubitze

nous n'avons pas gardé les cochons ensemble
wo haben wir denn schon zusammen Schweine gehütet?

avoir une tête de cochon
stur sein

avoir un caractère de cochon / chien
ein schwieriger Mensch sein

La volaille – Federvieh

être le dindon de la farce
der Dumme sein, das Nachsehen haben

ne pas casser trois pattes à un canard
nichts Besonderes darstellen

trempé comme un canard
pudelnass

l'oiseau rare
idealer Mann, ideale Frau; idealer Mitarbeiter, ideale Mitarbeiterin

un drôle d'oiseau
ein komischer Vogel

plumer qn
j-n ausnehmen, rupfen

avoir du plomb dans l'aile
angeschlagen sein; wack(e)lig stehen

prendre qn sous son aile
j-n unter seine Fittiche nehmen

voler de ses propres ailes
auf eigenen Füßen stehen; selbständig sein

Le poisson et le loup – Fisch und Wolf

avoir une faim de loup
  einen Bärenhunger haben
connu comme le loup blanc
  bekannt wie ein bunter Hund
se jeter, se précipiter dans la gueule du loup
  sich in die Höhle des Löwen wagen
il y a anguille sous roche
  hier ist etwas nicht geheuer
heureux comme un poisson dans l'eau (f)
  sich wohl fühlen, munter sein wie ein Fisch im Wasser

Autres – Sonstige

acheter / vendre pour une bouchée de pain
  für 'n Appel und 'n Ei kaufen / verkaufen
être toujours dans les nuages
  geistesabwesend, nicht bei der Sache, in Gedanken woanders sein
porter qn aux nues
  j-n über den grünen Klee loben, in den Himmel heben
heureux comme un roi
  glücklich wie ein Schneekönig, überglücklich
faire le grand saut
  den Sprung ins Wasser wagen, etwas riskieren
quand le vin est tiré, il faut le boire
  wer A sagt, muss auch B sagen
je vais m'en donner à cœur joie
  ich werde tun, wozu ich Lust habe
le monde appartient à ceux qui se lèvent tôt
  Morgenstund hat Gold im Mund

Politesse

1 Si vous êtes invité par *la fine fleur de la société* française, voilà quelques formules de politesse:

«Voulez-vous me permettre de vous présenter ma femme.»
«Enchanté, chère Madame!»
«J'ai beaucoup entendu parler de vous, Monsieur, et de votre beau pays.»
«Merci, Madame, je suis heureux de me trouver dans un endroit aussi charmant avec de si charmants amis.»
«Comment se porte votre grand-mère?»
«Eh bien, *elle a bon pied, bon œil**, je vous remercie.»
«Et votre mère?»
«Elle est en pleine forme. Nous avons eu un peu de tracas la semaine dernière, car *elle était tombée dans les pommes*, mais le médecin nous a assuré que ce n'était qu'un malaise passager.»

Un enquêteur en herbe

2 Je m'appelle Yves. Quand je faisais des études pour devenir médecin, j'habitais rue Madame. J'avais 24 ans. Je n'avais guère le temps de connaître les habitants de mon immeuble. Je partais très tôt pour aller à l'hôpital et je rentrais très tard. Bien que ne faisant pas partie de *la fine fleur de la société*, les locataires étaient de braves gens. Je finis par me lier avec l'un d'eux.

Un soir que je rentrais tard, je trouvai mon concierge affolé: Monsieur M. *était tombé dans les pommes* devant sa loge. En tant que futur médecin, je fis le nécessaire pour le ranimer et depuis ce temps-là, nous avions l'habitude de nous saluer et de nous fréquenter.

la fine fleur de la société
die Creme der Gesellschaft
(Blüte)

tomber dans les pommes
aus den Latschen kippen, ohnmächtig werden
(Äpfel)

93

3 Curieux trafic

Un douanier suisse raconte à son copain:
«Il m'est arrivé une drôle d'histoire l'année
dernière. Il y avait un type qui passait la frontière tous les
matins en poussant sa bicyclette et il rentrait tous les soirs à
pied. Je l'ai contrôlé tous les jours, j'étais sûr qu'il trafiquait
quelque chose. Et je ne trouvais jamais rien sur lui. Un
jour, après avoir longuement réfléchi, *j'ai enfin découvert le
pot aux roses*! Il passait des bicyclettes!»
«Alors, qu'as-tu fait?»
«Je lui ai fait payer une amende *sur le champ* et *il n'a pas
demandé son reste**, il est parti et je ne l'ai plus revu.»

4 Espion amateur

Il était marié et Madame Julie M. semblait adorer
son mari. Mais celui-ci avait une conduite singulière. Il partait avant le jour et rentrait *au petit matin.*
Souvent il disparaissait des semaines entières.
J'étais intrigué et voulus en savoir plus sur mon voisin.
Bien décidé à *découvrir le pot aux roses*, je commençai *sur
le champ* à l'épier.
Je réussissais fort bien dans cet emploi et je découvris des
choses bizarres. Une fois, il était habillé comme un prince,
le lendemain il ressemblait à un mendiant et un jour
j'entendis sa femme lui recommander «Sois prudent!».

découvrir le pot aux roses
jemandem auf die Schliche kommen
(Rosen)

sur le champ
sofort
(Feld)

5 **Récidiviste**

«Alors Gilles, comment allez-vous,» lui demande son beau-père.

«Ça pourrait aller mieux,» lui répond celui-ci, «*mi-figue, mi-raisin.*»

«Pourquoi ça?»

«J'ai passé la nuit au commissariat.»

«Encore? Qu'aviez-vous fait cette fois?»

«Eh bien, j'ai bousculé un agent qui m'avait arrêté parce que je roulais trop vite, il m'a insulté, m'a *passé à tabac*. Et puis il a appelé ses collègues et ils m'ont emmené au poste.»

«Et maintenant, que comptez-vous faire?»

«Je vais porter plainte contre la police.»

«Alors là, je vous approuve.»

6 **L'affaire se corse**

Une nuit, on frappa à ma porte.

Je me levai, j'ouvris. Monsieur M. entra. *On l'avait passé à tabac.* Son visage était en sang, sa chemise était déchirée.

«Vous êtes capable de me soigner?» demanda-t-il, *mi-figue, mi-raisin.*

Ce n'était qu'une blessure superficielle et je lui fis un pansement.

Le lendemain, il vint me remercier et m'inviter à dîner. A dater de ce jour, devînmes des amis.

C'est ainsi qu'un soir que nous jouions aux cartes, sa femme vint le prévenir qu'on l'attendait d'urgence rue Foch.

«Venez donc avec moi, ce sera peut-être intéressant,» me lança-t-il d'un air malin. Je le suivis.

passer quelqu'un à tabac
jemanden verprügeln
(Tabak)

mi-figue, mi-raisin
halb lachend, halb ernst; zweideutig
(halb Feige, halb Traube)

Porté disparu

7 «Allô, ici Betrand. Dites-moi, *avez-vous eu vent de* la disparition du député B.?»

«Eh bien, oui. Il semble s'être volatilisé. On ne le trouve nulle part. Son téléphone portable est coupé.»

«Et que fait la police?»

« Elle *est en plein brouillard* et ne sait où chercher.»

«Il a peut-être été enlevé ou même assassiné!»

«Mon Dieu, quelle horreur!»

Le crime

8 Il marchait assez vite et j'avais du mal à suivre. Tout à coup, il s'arrêta devant le numéro 12. Il y avait quelques personnes qui *avaient eu vent* de quelquechose et qui essayaient de jeter un coup d'œil à l'intérieur de la maison, mais un agent de police les repoussait.

Monsieur M. se fit un passage entre les badauts et, montrant sa carte de détective, demanda: «Quel étage, le crime?»

J'étais stupéfait, mais je n'avais pas le temps de réfléchir et je le suivis.

Nous entrâmes dans l'appartement et nous trouvâmes deux hommes qui se présentèrent: «Commissaire Lavardin, juge Poiteau.»

Mon ami se présenta et le commissaire sembla ravi:

«C'est vous, Monsieur M. Je suis heureux que vous soyez venu si vite. Nous *sommes en plein brouillard.* Cette pauvre femme a été assassinée hier soir. Peut-être pourrez-vous nous aider?»

J'étais fasciné par ce que je voyais et *je n'en perdais pas une goutte**.

avoir vent de quelquechose
von einer Sache Wind bekommen

être en plein brouillard:
völlig im Dunkeln tappen
(Nebel)

9 Vol de voiture

«Dites-moi, où est Jean Baron?»

«Il est parti.»

«Parti? Mais où ça?»

«Je n'en sais rien. Il était *tout feu, tout flamme* après avoir entendu les cours de la bourse et puis je ne l'ai plus revu.»

« Il n'a quand même pas *pris la clé des champs* avec ma voiture? C'est mon chauffeur et la voiture est neuve!»

«Allez voir en bas où il range ses uniformes …»

«Monsieur, tout a disparu!»

«Elle est forte, celle-là!»

10 Fausse piste

«Comment cela s'est-il passé?» demanda Monsieur M.

«La porte n'est pas fracturée, ni les fenêtres,» reprit le commissaire. «La malheureuse femme aura ouvert elle-même à son assassin. Bien que paralysée du côté droit, elle pouvait encore marcher jusqu'à la porte.»

Monsieur M. se pencha près du corps.

«Regardez,» dit-il *tout feu, tout flamme*, «l'assassin a signé son crime.»

Sur le parquet en grosses lettres mal formées, on avait écrit avec du sang *Porti…*

«Rassemblant toutes ses forces, cette pauvre femme a dû tremper un de ses doigts dans le sang qui *coulait à flots* de sa blessure et a essayé décrire le nom de son meurtrier sur le parquet. L'assassin *a pris la clé des champs* croyant sa victime morte. Il se trompait,» prononça Monsieur M. d'une voix sourde.

être tout feu, tout flamme
begeistert sein, Feuer und Flamme sein

prendre la clé des champs
das Weite suchen
(Felder)

11 Pas net!

«Fermez la porte, s'il vous plaît, il faut que je vous annonce une nouvelle désagréable.»

«Je vous écoute.»

«Eh bien voilà. On accuse Eric von Berg d'émettre des chèques sans provision.»

«Non! Et moi qui *le portais aux nues*! Pas plus tard qu'hier j'en faisais encore les louanges à mon collègue et de plus, il a tout payé par chèques ce que je lui ai vendu. Il disait qu'il n'aimait pas avoir du liquide sur lui. Sa tactique *est claire comme de l'eau de roche* pour moi maintenant. Mais pour récupérer mon argent, *c'est une autre paire de manche**.»

12 Déduction hative

«Port … mais c'est le commencement du nom du neveu préféré de la morte. Il s'appelle Portion. Quand je pense que sa tante *le portait aux nues* …,» dit le juge.

«Son seul et unique héritier! Et en plus, c'est hier soir que le crime a été commis. Eh bien, hier soir, personne d'autre que le neveu n'est venu. La concierge l'a vu arriver vers neuf heures et repartir un peu avant minuit.»

«*C'est clair comme de l'eau de roche*, ce Portion n'est pas très intelligent,» dit Monsieur M.

A présent, j'avais compris: mon voisin était détective. Maintenant, tout s'expliquait pour moi. Ses absences répétées, les craintes de sa femme, la blessure que j'avais soignée.

porter aux nues
in den Himmel heben, über den grünen Klee loben
(in die Wolken)

c'est clair comme de l'eau de roche
das ist doch sonnenklar
(Quellwasser)

Une cachottière

13
Nadine: Tous mes plans *sont tombés à l'eau*, tu sais. Je voulais partir en week-end avec mon copain sans que mes parents ne le sachent. J'avais tout prévu en disant que j'allais à l'anniversaire de Martine et que je dormirais chez elle.

Muriel: Et alors?

Nadine: Ma mère *n'est pas née de la dernière pluie*, tu sais, elle a téléphoné aux parents de Martine pour demander quel cadeau elle aimerait. Et les parents, qui n'étaient au courant de rien, ont dit que l'anniversaire, c'était dans 15 jours!

Funeste découverte

14
Pendant que les trois hommes discutaient, je me baissais pour observer le cadavre de plus près. Il était dans une mare de sang. Poussé par un accès de spontanéité, je pris entre mes mains les mains du cadavre. La gauche était nette, c'était un des doigts de la droite qui était plein de sang.

Qu'avait dit le commissaire? Cette femme était paralysée du côté droit. Donc, elle n'avait pas pu écrire avec sa main droite. J'appelai Monsieur M. et je lui montrai ma découverte. Il se pencha et il comprit ce que je voulais dire. «*Il n'est pas né de la dernière pluie*, ce jeune étudiant en médecine. Ce n'est pas la pauvre vieille qui a tracé les lettres qui sont là,» fit Monsieur M. et il leur montra la main droite seule tâchée de sang. «Celui qui a tracé ces lettres voulait faire accuser le neveu à sa place. Mais *son plan est tombé l'eau* grâce à notre ami!»

tomber à l'eau
ins Wasser fallen, in die Binsen gehen

ne pas être né de la dernière pluie
nicht von gestern sein
(Regen)

15 Une invitation intéressée

«Zut, zut et zut!» s'exclame Robert.

«Que se passe-t-il?» lui demande son frère.

«Lis cette lettre. *Je suis pris entre l'arbre et l'écorce*: où bien je rembourse la banque tout de suite ou bien on me prend tous mes biens et c'est la faillite!»

«J'ai une idée. Invite tante Blanche en vacances. Elle est très riche, tu sais, et aussi très seule. T*u fais d'une pierre deux coups*: une bonne action vis-à-vis de tante Blanche et tu rembourses tes dettes avec l'argent qu'elle ne manquera pas de te donner.»

16 Tel est pris qui croyait prendre

«Si ce n'est pas le neuveu, qui est-ce alors?» demanda le juge.

«Le concierge,» dit Monsieur M. «Je l'ai reconnu. Nous allons l'interroger.»

Ce dernier avoua presque aussitôt.

«Je devais de l'argent à Mme X et son neveu, M. Portion, menaçait de révéler mon passé criminel. *Pris entre l'arbre et l'écorce*, j'ai décidé de *faire d'une pierre deux coups*. Le neuveu parti, je suis monté chez le vieille dame et je l'ai tuée. Pour *mener* la police *sur une fausse piste**, j'ai écrit les premières lettres du nom du neveu avec le sang de ma victime sans me rappeler que celle-ci ne pouvait plus écrire de la main droite.»

«Cette erreur vous a été fatale,» dit Monsieur M. depuis cette histoire, je suis devenu le bras droit.

être pris entre l'arbre et l'écorce
zwischen Hammer und Amboss geraten
(Baum, Rinde)

faire d'une pierre deux coups
zwei Fliegen mit einer Klappe schlagen
(Stein)

VOCABULAIRE

1. Politesse

formule (f) de politesse (f)
Höflichkeitsfloskel
présenter qn
j-n vorstellen
enchanté (f)
sehr erfreut
endroit (m)
Ort
en forme (f)
in guter Verfassung
avoir bon pied, bon œil
noch sehr rüstig sein; noch gut
beieinander sein
**comment se porte votre
grand-mère?**
wie geht es Ihrer Großmutter?
remercier qn
j-m danken
tracas (m)
Kummer, Ärger
assurer qc à qn
j-m etw versichern
malaise (m) passager
vorübergehende Unpässlichkeit

2. Un enquêteur en herbe

enquêteur (m) en herbe
Detektiv in spe
études (f, pl); faire des ~
studieren
guère; je n'avais ~ le temps
ich hatte kaum Zeit
immeuble (m)
Gebäude, Haus
paisible
friedlich
se lier avec
sich anfreunden mit
affolé, e
aufgeregt, erschreckt
en tant que futur médecin
als künftiger Arzt

fréquenter qn
j-n besuchen, zusammenkom-
men mit

3. Curieux trafic

curieux trafic
eigenartiger Schmuggel
passer la frontière
über die Grenze gehen
réfléchir
nachdenken
passer des bicyclettes (f, pl)
Fahrräder schmuggeln
amende (f); payer une ~
ein Bußgeld zahlen
ne pas demander son reste
sang- und klanglos verschwinden

4. Espion amateur

espion amateur
Amateurspion
conduite (f) singulière
eigenartiges Verhalten
au petit matin
in aller Herrgottsfrühe
intrigué, e
neugierig
entier, -ière
ganz(e, -r)
épier qn
j-n heimlich beobachten
réussir fort bien
sehr guten Erfolg haben
mendiant (m)
Bettler
emploi (m)
Beschäftigung, Tätigkeit
prudent, e
vorsichtig

5. Récidiviste

récidiviste (m)
Rückfälliger, Gewohnheitsver-
brecher
beau-père (m)
Schwiegervater
figue (f)
Feige
raisin (m)
Traube
bousculer
anrempeln
poste (m)
hier: Wache
approuver qn
j-s Verhalten gutheißen

6. L'affaire se corse

se corser
spannend werden,
sich verkomplizieren
sang (m)
Blut
soigner
pflegen, versorgen
superficiel, le
oberflächlich
pansement (m)
Verband
devenir des amis
Freunde werden
suivi; des relations suivies
enge Beziehungen
prévenir qn
benachrichtigen, warnen
urgence (f); d' ~
dringend
lancer
sagen, zurufen
suivre n
j-m folgen

7. Porté disparu

porté disparu
vermisst (gemeldet)
disparition(f)
Verschwinden
député (m)
Abgeordneter
se volatiliser
sich in Luft auflösen
enlever
entführen
assassiner
ermorden

8. Le crime

repousser
zurückstoßen
badaud (m)
Gaffer
stupéfait
verblüfft
ravi, e
entzückt
goutte (m)
Tropfen
je n'en perdais pas une goutte
sich nicht das Geringste entgehen lassen

9. Vol de voiture

vol (m)
Diebstahl
cours (m) de la bourse
Börsenkurs
ranger
aufbewahren, aufräumen
disparu, e
verschwunden
elle est forte, celle-là
das ist ein starkes Stück

10. Fausse piste

fausse piste (f)
falsche Fährte
fracturer
aufbrechen
paralysé, e du côté droit
rechtsseitig gelähmt
se pencher
sich herabbeugen
couler à flots (m, pl)
in Strömen fließen
se tromper
sich täuschen
sourd, e; d'une voix ~
mit dumpfer Stimme

11. Pas net

net, te
sauber, ordentlich
émettre des chèques
Schecks aussellen
chèque (m) sans provision
ungedeckter Scheck
faire les louanges (m, pl) de qn
j-n loben
liquide (m)
Bargeld
roche (f)
Felsen
récupérer son argent (m)
sein Geld wiedererlangen
manche (f)
Ärmel
c'est une autre paire de manche
das ist ein anderes Paar Stiefel

12. Déduction hative

déduction (f) hative
voreiliger Schluss
neveu préféré
Lieblingsneffe
unique héritier (m)
einziger Erbe

crainte (f)
Furcht
soigner une blessure
eine Wunde versorgen

13. Une cachottière

cachottier, -ère
Geheimniskrämer(in)
prévoir
voraussehen
pluie (f)
Regen

14. Funeste découverte

funeste
unheilvoll, verhängnisvoll
se baisser
sich bücken
mare (f) de sang (m)
Blutlache
accès (m) de spontanéité (f)
spontane Eingebung
paralysé, e
gelähmt
se pencher
sich bücken
tâché, e de sang (m)
blutbefleckt

15. Une invitation intéressée

invitation intéressée
Einladung mit Hintergedanken
rembourser la banque
der Bank zurückzahlen
bien (m)
Hab und Gut
dettes (f, pl)
Schulden
ne pas manquer de faire
bestimmt etwas tun

16. Tel est pris qui croyait prendre

tel est pris qui croyait prendre
wer anderen eine Grube gräbt
soupçonner qn
j-n verdächtigen
ficher, être fiché
registriert sein; in der Kartei
stehen
avouer un crime
ein Verbrechen gestehen
devoir de l'argent à qn
j-m Geld schulden
sans méfiance (f)
ohne Argwohn
mener sur une fausse piste (f)
auf eine falsche Fährte locken
passer les menottes (f, pl) à qn
j-m die Handschellen anlegen

Wortschatzhilfen zu den Übungen

frapper à la porte
anklopfen
services secrets (m, pl)
Geheimdienst
faire partie (f) de
gehören zu
déchirer
zerreißen
épier
nachspionieren
pansement (m)
Verband
succès (m)
Erfolg
supporter l'alcool (m)
Alkohol vertragen
étoile (f)
Stern
jardinier (m)
Gärtner

loyer (m)
Miete
dettes (f, pl)
Schulden
armoire (f)
Schrank
forcer une porte
eine Tür aufbrechen
grièvement blessé, e
schwer verwundet
facteur (m)
Briefträger
comptabilité (f)
Buchhaltung

EXERCICES

1. Quelle est la bonne réponse?

1. Hier, j'ai trouvé mon voisin, Monsieur M. devant mon appartement.

    a Il était tombé à l'eau.

    b Il était tombé dans les pommes.

    c Il était tombé dans l'escalier.

2. Monsieur M. est riche mais il ne fait pas partie de

    a la fine fleur de la société.

    b la haute fleur de la société.

    c la fine volée de la société.

3. Ce soir, Monsieur M. a frappé à ma porte. Son visage était en sang, sa chemise était déchirée.

    a On l'avait porté aux nues.

    b Il a été pris entre l'arbre et l'écorce.

    c On l'avait passé à tabac.

4. Je lui ai fait un pansement. Je suis fasciné par cet homme. Appartient-il aux services secrets?

    a J'étais décidé à découvrir le pot aux roses.

    b J'étais décidé à prendre la clé des champs.

    c J'étais décidé à ne pas être né de la dernière pluie.

5. J'ai commencé à l'épier. Ce n'est pas facile et je suis encore

    a entre l'arbre et l'écorce.

    b en plein brouillard.

    c sur une fausse piste.

6. Je vais parler à la police. Je suis sûr que M. est un criminel.

    a C'est clair comme de l'eau de roche.

    b C'est clair comme de l'eau de source.

    c C'est clair comme de l'eau de Vichy.

7. La police est arrivée, mais M. avait disparu.

    a Il avait pris la clé des champs

    b l est tombé dans les pommes.

    c Il avait bon pied, bon œil.

2. Remettez les expressions à leur place

Die Natur ist hier etwas durcheinander geraten.

1. Pierre m'a dit qu'il travaille pour Monsieur Z. Il est tout feu, tout ~~fumée~~.

   .... *flamme* ....

2. Pierre et Z.? On en parle depuis une semaine. Tu portes de l'eau à la mer.

   ....

3. Comment s'expliquer le succès de Z.? Il a sans doute des amis dans la police. Pas de flammes sans feu.

   ....

4. Pierre ne supporte pas l'alcool. Après le sixième, verre il tombe dans les roses.

   ....

5. Z. lui paie 10.000 F? Pour Pierre c'est une goutte d'eau dans la rivière.

   ....

6. Je veux en savoir plus long sur Z. Je suis décidé à découvrir le pot aux pommes.

   ....

7. La police est arrivée trop tard. Z. avait déjà pris la clé des manches.

   ....

8. Z. a un frère, M., mais c'est une autre paire de champ.

   ....

3. Six idiomes en plus – Extra Idiome

Classez les nombres et les chiffres.

1. se ressembler comme deux gouttes d'eau
2. une goutte d'eau dans la mer
3. porter de l'eau à la rivière
4. pas de fumée sans feu
5. dormir à la belle étoile
6. faire la pluie et le beau temps

a von nichts kommt nichts
b Eulen nach Athen tragen
c tonangebend sein
d bei Mutter Grün übernachten
e sich wie ein Ei dem andern ähneln
f ein Tropfen auf den heißen Stein

4. L'assassin n'est pas toujours le jardinier

1. Jean n'appartient pas à la *(der feinen Gesellschaft)*. Il est jardinier chez Madame Joffre.

2. Il est si pauvre qu'il ne peut plus payer son loyer. Depuis une semaine, il dort *(unter freiem Himmel)* dans le jardin.

3. En plus, il a beaucoup de dettes. Dans sa situation, le salaire d'un jardinier n'est qu'une *(Tropfen auf den heißen Stein)*.

4. Madame Joffre est vieille, mais elle *(ist noch sehr rüstig)*.

5. Elle n'aime ni les banques ni les banquiers. «Ils croient que c'est eux qui *(die erste Geige spielen)* en France.»

6. C'est pourquoi elle garde son argent à la maison, dans une armoire. Et Jean *(hat davon Wind bekommen)*.

7. Il a un plan, – un plan qui va *(in die Binsen gehen)*.

8. Une nuit, il force la porte de la villa et vole l'argent de sa patronne. En sortant, il renverse une chaise. Aussitôt une ombre se jette sur lui et *(schlägt ihn zusammen)*.

9. Jean s'écroule, grièvement blessé. Son sang *(fließt in Strömen)*.

10. Le lendemain le facteur trouve Jean devant la porte. La police n'a aucune piste; elle *(tappt im Dunkeln)*. (Ce que Jean ignorait, c'est que la vieille dame était championne du monde de karaté.)

5. Parfois le crime paie

Complétez les idiomes.

1. Pierre qui, *n'est pas né* ....
veut devenir riche à tout prix.

2. Il travaille dans une banque et son chef, M. Leroc, *le porte*
....

3. M. Leroc est un peu inquiet parce que Pierre dépense plus
qu'il ne gagne. Il y a quelque chose qui cloche. *C'est clair*
....

4. En contrôlant la comptabilité de la banque il *découvre le*
....:
Pierre émet des chèques sans provision.

5. Il appelle la police , mais Pierre a déjà *pris*
....

6. *Pour mener* la police ....,
il laisse un plan de Chicago sur la table de la cuisine et
part pour Rome.

6. Les Carrés Magiques

Welcher Buchstabe gehört zu welcher Zahl? Reihen und Spalten addieren sich zur magischen Zahl 15.

a au petit matin	**b** aux nues	**c** goutte
d l'écorce	**e** manche	**f** la clé
g reste	**h** tel	**i** la pluie

1. La police le cherche, la mafia le cherche: Il est pris entre l'arbre et ....

2. La presse assistait au procès de M. Dumas et n'en perdait: pas une ....

3. .... est pris qui croyait prendre.

4. Les banques font .... et le beau temps.

5. L'histoire de M, c'est une autre paire de ....

6. Je suis rentré de la discothèque ....

7. Sa mère le porte ...., ses professeurs sont d'un autre avis.

8. Il a quitté le pays sans demander son ....

9. Il a pris .... des champs avant d'être arrêté.

a =	b =	c =
d =	e =	f =
g =	h =	i =

L'eau et le feu – Wasser und Feuer

tomber à l'eau
  ins Wasser fallen, in die Binsen gehen
c'est clair comme de l'eau de roche
  das ist doch sonnenklar
être tout feu, tout flamme
  begeistert sein, Feuer und Flamme sein
ils se ressemblent comme deux gouttes d'eau
  sie ähneln sich wie ein Ei dem andern
c'est une goutte d'eau dans la mer
  das ist ein Tropfen auf den heißen Stein
porter de l'eau à la rivière
  Eulen nach Athen tragen
pas de fumée sans feu
  von nichts kommt nichts

Le vent et le ciel – Wind und Wetter (Himmel)

porter qn aux nues
  j-n in den Himmel heben; über den grünen Klee loben
ne pas être né de la dernière pluie
  nicht von gestern sein
être en plein brouillard
  völlig im Dunkeln tappen
en avoir vent d'une affaire
  von einer Sache Wind bekommen
faire la pluie et le beau temps
  die erste Geige spielen, tonangebend sein
dormir à la belle étoile
  bei Mutter Grün (im Freien) übernachten
couler à flots
  in Strömen fließen

Le champ et ses fruits – Feld und Frucht

sur le champ
  sofort
prendre la clé des champs
  das Weite suchen
mi-figue mi-raisin
  halb lachend, halb ernst; zweideutig
tomber dans les pommes
  aus den Latschen kippen, ohnmächtig werden
découvrir le pot aux roses
  j-m auf die Schliche kommen
la fine fleur de la société
  die Crème der Gesellschaft
passer quelqu'un à tabac
  jemanden verprügeln
être pris entre l'arbre et l'écorce
  zwischen Hammer und Amboss geraten

Divers – Verschiedenes

avoir bon pied, bon œil
  noch sehr rüstig sein, noch gut beieinander sein
ne pas demander son reste
  klammheimlich / sang- und klanglos verschwinden
je n'en perdais pas une goutte
  sich nicht das Geringste entgehen lassen
c'est une autre paire de manche
  das ist ein anderes Paar Stiefel
mener sur fausse piste
  auf eine falsche Fährte locken
tel est pris qui croyait prendre
  wer anderen eine Grube gräbt
rentrer au petit matin
  in der Morgendämmerung nach Hause kommen

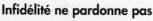

Infidélité ne pardonne pas

1 Laure: Au revoir, Odile, je te quitte. J'ai rendez-vous avec Luc.

Odile: Avec Luc, quel Luc?

Laure: Luc Desbois, le fils du coiffeur.

Odile: Mais c'est pas vrai! Il sortait avec ma cousine encore hier! Quel *coureur de jupons*, ce type!

Laure: Comment? Tu en es sûre? Je vais tirer ça au clair!

Luc arrive avec un gros bouquet de roses. Odile s'en va.

Luc: Bonjour, ma chérie.

Laure: Tu te moques de moi? Tu sortais hier avec la cousine d'Odile et aujourd'hui tu m'apportes des roses?

Luc (avec un grand sourire): Celle-là, *je m'en fiche comme de ma première chemise*, c'est toi que j'aime.

Laure: *En voilà du culot!** Je ne veux jamais te revoir. Adieu!

2 Affaires de cœur: Madeleine, 40 ans, professeur

Notre journal publie sa grande enquête sur les petites annonces matrimoniales. Voici les premiers témoignages: J'avais répondu à une petite annonce et j'ai rencontré Bruno après avoir correspondu avec lui pendant deux semaines. Il était grand, brun et bien de sa personne. J'étais amoureuse, mais j'ai vite compris que c'était *un coureur de jupons* invétéré. Il ne pouvait s'empêcher de faire la cour aux femmes en ma présence. Quand je lui en faisais le reproche, *il s'en fichait comme de sa première chemise*. J'en ai bavé *des ronds de chapeau** en essayant de le faire changer de comportement, et puis, je l'ai quitté. Depuis, je suis seule.

un coureur de jupons
ein Schürzenjäger
(Unterrock)

il s'en fiche comme de sa première chemise
das lässt ihn völlig kalt
(Hemd)

3 **Sauvée de justesse**
Le lendemain au bureau.
Odile: Alors, tu lui as parlé?
Laure: J'ai rompu. Je ne veux plus le revoir.
Odile: Tu as bien fait. Ma cousine m'a dit qu'en plus de *courir les filles*, il travaillait du chapeau*.
Laure: Comment ça?
Odile: Eh bien, *au fil des jours* elle a remarqué qu'il avait un comportement bizarre, qu'il devenait de plus en plus agressif. Il a même essayé de l'étrangler un soir qu'il était en colère.
Laure: Ça alors! *Je l'ai échappé belle**, on dirait.

4 **Affaires de cœur: Dominique, 32 ans, cadre supérieur**
Son annonce était charmante, pleine d'humour. Nous nous sommes tout de suite plu et nous nous sommes mariés trois mois après notre rencontre. C'est à partir de ce moment que je me suis aperçue qu'*il travaillait du chapeau*. Il ne pouvait pas s'endormir sans s'entourer de ses peluches favorites et je devais lui lire une histoire tous les soirs.
Au début, j'ai trouvé ça drôle, mais *au fil des jours*, j'ai commencé à m'inquiéter. Quand c'est devenu insupportable, j'ai divorcé.

travailler du chapeau
nicht alle Tassen im Schrank haben
(Hut)

au fil des jours
im Lauf der Zeit
(Faser, Garn, Zwirn)

5 **Luc, se lancera-t-il dans la politique?**

Odile et Laure font leur marché.

La marchande de légumes: Vous désirez, Mesdemoiselles?

Odile: Un kilo de tomates bien mûres et 200 grammes de fraises, s'il vous plaît.

Laure (tout bas): Ne te retourne pas, attends! Il passe devant nous. Regarde, c'est Luc!

Odile: Tu sais qui l'accompagne? Le sénateur Toubon, *un gros bonnet* politique. Ils distribuent des tracts pour les élections.

La marchande: C'est drôle, ça. M. Toubon fait de la politique! A la maison, *c'est sa femme qui porte la culotte*. Il faut voir comme il marche droit avec elle! C'est tout pour vous, Mesdemoiselles?

Odile: Oui, c'est tout pour aujourd'hui. Je vous dois combien?

La marchande: 25 francs *tout rond**.

Odile: Voilà Madame, au revoir et bonne journée.

La marchande: Merci, bonne journée à vous aussi.

6 **Affaires de cœur: Catherine, 54 ans, antiquaire**

C'est moi qui avais passé l'annonce et j'étais heureuse, car François était *un gros bonnet* dans les finances. Mais il était marié et c'est sa femme qui *portait la culotte*. Au début, il parlait de la quitter et après cinq ans, je ne le voyais qu'en semaine à des heures impossibles. J'étais toujours seule le soir, les week-ends, pendant les vacances et pour les fêtes. Alors, *je l'ai chassé de ma vie**.

un gros bonnet
ein hohes Tier
(Mütze)

porter la culotte
die Hosen anhaben

117

7 Odile téléphone à Laure

Odile: Salut, Laure! Tu viens ce soir au cinéma avec moi? Il y a un bon film au Cinéplex.

Laure: Désolée, je ne peux pas, je dois garder mon petit voisin. Sa mère a enfin *trouvé chaussure à son pied* et ce soir, elle lui a préparé un dîner de gala. Elle ne veut pas que le gamin soit *pendu à ses basques* toute la soirée. Alors elle me l'a confié. Viens, on regardera la télé ensemble.

Odile: D'accord. J'arrive et j'apporte une quiche et une bouteille de rosé!

8 Affaires de cœur: Denise, 28 ans, employée de banque

Avec une copine, on voulait s'amuser et on a fait passer une petite annonce. On a eu 54 réponses et on est allées à 30 rendez-vous. Finalement, ma copine *a trouvé chaussure à son pied*. Il est très gentil, mais toujours *pendu à ses basques* et nous ne pouvons plus sortir comme autrefois entre filles.

trouver chaussure à son pied
den Richtigen / die Richtige, den passenden Partner finden
(Schuh)

être pendu aux basques de quelqu'un
jemandem auf der Pelle kleben
(Rockschoß)

9 **Chez Laure**

Odile: Coucou, c'est moi! Alors, il est déjà couché, ton petit garçon?

Laure: Oui, il dort dans ma chambre.

Odile: Et l'amoureux de ta voisine, tu l'as vu?

Laure: Elle me l'a présenté. Il *a l'air triste comme un bonnet de nuit*! Mais *l'amour est aveugle** !

Odile: Comme tu dis! *J'en ai appris de belles** à propos de Luc. Il paraît qu'il a des problèmes avec le fisc et qu'il risque *d'y laisser jusqu'à sa dernière chemise*!

Laure: Avec lui, rien ne m'étonne plus! Donne-moi un morceau de quiche, elle a l'air délicieuse.

10 **Affaires de cœur: Josefa, 62 ans, écrivain**

Je cherchais un sujet pour un nouveau roman et j'ai eu l'idée de mettre une petite annonce. J'ai rencontré trois hommes. Le premier, Charles, était gentil, mais *triste comme un bonnet de nuit*. Il était veuf et ne parlait que de sa défunte épouse.

Le second, Pierre, avait des ennuis avec la justice et n'était pas tellement honnête. Il m'avait emprunté ma carte de crédit et avait vidé mon compte. J'ai failli *y laisser jusqu'à ma dernière chemise*.

Le dernier est mon mari actuel qui est avocat et m'a aidé à *faire mettre* Pierre *sous les verrous**.

être triste comme un bonnet de nuit
ein Trauerkloß sein
(Nachtmütze)

y laisser jusqu'à sa dernière chemise
sein letztes Hemd verlieren

Une soirée perdue

11 On sonne. C'est la voisine.

La voisine: Ouf, il est parti. *J'en avais plein les bottes!* Il n'a pas ouvert la bouche de la soirée et *il a à peine touché à son assiette**! Dire que *je me suis serré la ceinture* toute la semaine pour pouvoir lui payer des huîtres et du foie gras et qu'il n'a rien mangé!

Laure: Je suis désolée pour toi, mais *«un de perdu, dix de retrouvés»**, disait ma grand-mère.

La voisine: Tu as raison, *il ne faut pas se laisser abattre**. J'ai encore du champagne, vous en voulez?

Odile: Bonne idée! Et on aime bien les huîtres et le foie gras aussi!

Affaires de cœur: Jacqueline, 30 ans, mère au foyer

12 *J'en avais plein les bottes* de la vie que je menais. Pas d'argent, toujours obligée de me *serrer la ceinture*, pas de foyer, une vie sans intérêt. J'ai voulu me suicider, mais je me suis râtée. A l'hôpital, j'ai fait la connaissance d'une femme qui avait rencontré son mari grâce à une petite annonce. J'ai suivi son conseil et maintenant, je suis mariée avec un homme charmant et travailleur. Nous avons deux enfants et je suis très heureuse.

en avoir plein les bottes
die Schnauze voll haben
(Stiefel)

se serrer la ceinture
den Gürtel enger schnallen

13 Il y en a qui ont de la chance

Laure: Tiens, Madame Lonbec n'est pas encore là!

Odile: Attends, tiens-toi bien! *Elle a rendu son tablier* ce matin avant ton arrivée. Tu as manqué quelque chose!

Laure: Mais pourquoi?

Odile: *Je te le donne en mille**! Elle a gagné le gros lot au loto. Alors elle s'arrête de travailler comme secrétaire et elle va s'acheter un institut de beauté sur la Côte d'Azur. En attendant, elle portait une robe de Christian Lacroix qui *lui allait comme un gant*.

Laure (avec un soupir): Il y en a qui ont de la chance, quand-même!

14 Affaires de cœur: Claudette, 19 ans, vendeuse

Comme je suis timide et que je ne sors jamais, ma mère m'a conseillé de mettre une annonce dans le journal de la paroisse.

C'est Marc qui a répondu le premier. Il était au chômage, car il *avait rendu son tablier* à son patron et était déprimé. Je me souviens de notre premier rendez-vous. Il portait un pull rouge qui *lui allait comme un gant* et un jean très à la mode.

Je n'ai eu aucun problème à lui parler et nous vivons ensemble depuis notre rencontre.

rendre son tablier
seinen Hut nehmen
(Schürze)

aller à quelqu'un comme un gant
einem wie angegossen sitzen
(Handschuh)

VOCABULAIRE

1. Infidélité ne pardonne pas

infidélité (f)
Untreue
quitter qn
j-n verlassen
jupon (m)
Unterrock
tirer ça au clair
klarstellen, klären
se moquer de qn
sich über j-n lustig machen
sortir avec qn
mit j-m ausgehen
se ficher de qc, qn
auf etw, j-n pfeifen
chemise (f)
Hemd
culot (m)
Unverschämtheit, Chuzpe
en voilà du culot
ganz schön frech, unverschämt

2. Affaires de cœur: Madeleine, 40 ans, professeur

affaire (f) de cœur (m)
Herzensangelegenheit
enquête (f)
Untersuchung, Umfrage
annonce (f) matrimoniale
Heiratsanzeige
petite annonce (f)
Kleinanzeige
correspondre avec qn
brieflich verkehren mit j-m
être bien de sa personne
gut aussehen
invétéré, e
unverbesserlich, eingefleischt
empêcher
verhindern
je ne peux pas m'~ de faire
ich kann nicht anders, ich muss
einfach

faire la cour à qn
j-m den Hof machen
baver des ronds de chapeau (m)
sich abrackern, ein Bein
ausreißen
faire changer qn de
comportement
j-s Verhalten ändern

3. Sauvée de justesse

être sauvé, e de justesse
gerade noch einmal davon-
gekommen sein
rompre
hier: Schluss machen
courir les filles (f, pl)
den Mädchen nachlaufen
chapeau (m)
Hut
au fil des jours (m, pl)
im Laufe der Zeit
comportement (m)
Benehmen, Verhalten
étrangler
erwürgen
colère (f); être en ~
in Wut sein
échapper
entkommen, entwischen
l'avoir échappé belle
noch einmal (mit dem Schrecken)
davonkommen

4. Affaires de cœur: Dominique, 32 ans, cadre supérieur

cadre (m) supérieur
leitende(r) Angestellte(r)
nous nous sommes plu
wir haben uns gegenseitig
gefallen
s'apercevoir de qc
etw merken

s'endormir
  einschlafen
peluche (f)
  Stofftier
s'entourer de qc
  sich mit etw umgeben
drôle
  lustig, komisch
s'inquiéter
  sich beunruhigen
insupportable
  unerträglich
divorcer
  sich scheiden lassen

5. Luc, se lancera-t-il dans la politique ?

se lancer dans la politique
  in die Politik gehen
mûr, e
  reif
fraise (f)
  Erdbeere
bonnet (m)
  Mütze, Haube
culotte (f)
  Hose
marcher droit
  aufs Wort gehorchen, spuren
je vous dois combien?
  wie viel schulde ich Ihnen?
rond; 25 francs tout ~
  genau 25 Francs

6. Affaires de cœur: Catherine, 54 ans, antiquaire

passer l'annonce (f)
  die Annonce aufgeben
chasser qn de sa vie
  j-n aus seinem Leben streichen

7. Odile téléphone à Laure

désolé, e
  tut mir Leid
voisin, voisine
  Nachbar(in)
chaussure (f)
  Schuh
pied (m)
  Fuß
gamin (m); gamine
  Bengel, Göre
basque (f)
  (Rock-)Schoß
confier qc à qn
  je-m etw anvertrauen
quiche (f)
  Speckkuchen

8. Affaires de cœur: Denise, 28 ans, employée de banque

copine (f)
  Freundin
s'amuser
  sich einen Spaß erlauben
autrefois
  früher

9. Chez Laure

coucou (m)
  Kuckuck, hallo
être couché, e
  im Bett sein, schlafen
amoureux, se
  verliebt
bonnet (m) de nuit (f)
  Nachthaube; Griesgram;
  Sauertopf
avoir l'air (m) triste
  traurig aussehen
l'amour (m) est aveugle
  Liebe macht blind

en apprendre de belles sur qn
reizende Dinge über j-n
erfahren
morceau (m)
Stück
avoir l'air (m)
aussehen, wirken

10. Affaires de cœur: Josefa, 62 ans, écrivain

écrivain (m)
Schriftsteller(in)
sujet (m)
Thema, Gegenstand
veuf, veuve
Witwe(r)
défunte épouse
verstorbene Ehefrau
emprunter qc à qn
sich etw von j-m ausleihen
vider un compte
ein Bankkonto abräumen
faillir faire qc
beinahe etw tun
faire mettre qn sous les verrous (m, pl)
j-n hinter Schloss und Riegel
bringen

11. Une soirée perdue

une soirée perdue
ein verlorener Abend
botte (f)
Stiefel
ouvrir la bouche
den Mund aufmachen
toucher à peine à son assiette (f)
seinen Teller kaum berühren,
kaum einen Happen essen
foie gras (m)
Gänseleberpastete
un de perdu, dix de retrouvé
für einen Verflossenen finden
sich zehn andere

il ne faut pas se laisser abattre
man darf sich nicht unterkriegen
lassen

12. Affaires de cœur: Jacqueline, 30 ans, mère au foyer

foyer (m)
Heim
se suicider
Selbstmord begehen
se rater
einen vergeblichen Selbstmord-
versuch machen
faire la connaissance de qn
j-s Bekanntschaft machen
grâce à
dank
suivre un conseil
einen Rat befolgen

13. Il y en a qui ont de la chance

avoir de la chance
Glück haben
tablier (m)
Schürze
manquer qc
etw verpassen
je te le donne en mille
ich wette hundert zu eins, dass
du es nicht errätst
beauté (f)
Schönheit
en attendant
inzwischen
gant (m)
Handschuh
soupir (m)
Seufzer

14. Affaires de cœur:
Claudette, 19 ans, vendeuse

vendeuse
  Verkäuferin
timide
  schüchtern
conseiller à qn de faire qc
  j-m raten, etw zu tun
paroisse (f)
  Pfarrgemeinde
être au chômage
  arbeitslos sein
rencontre (f)
  Begegnung, Treffen

Wortschatzhilfen
für die Übungen

courir les filles
  den Mädchen nachlaufen
étrangler
  erwürgen
à peine
  kaum
s'apercevoir de qc
  etw bemerken
comportement (m)
  Verhalten
été reçu premier
  als Bester abschneiden
défaut (m)
  Fehler
brevet (m)
  Patent
venir de faire faillite (f)
  gerade Bankrott gemacht haben
reprouver
  verurteilen

1. Quelle est la meilleure réponse?

1. Luc court les filles

   a C'est un coureur de jupons.
   b C'est un coureur de tabliers.
   c C'est un coureur de ceintures.
   d C'est un coureur de culottes.

2. Luc se prend le sénateur Toubon comme modèle, parce que

   a Toubon est un gros chapeau politique.
   b Toubon est un gros bonnet politique.
   c Toubon est une grosse culotte politique
   d Toubon est un gros culot politique.

3. Laure est amoureuse de Luc. Malheureusement,

   a Luc est pendu à ses basques.
   b Laure trouve chaussure à son pied.
   c Luc se fiche de Laure comme de sa première chemise.
   d Laure lui va comme un gant.

4. Luc a même essayé d'étrangler la cousine d'Odile.
Elle croit qu'

   a il en a plein les bottes.
   b il s'en fiche comme de sa première chemise.
   c. il est pendu à ses basques
   d il travaille du chapeau.

5. Le nouvel ami de la voisine d'Odile n'a pas ouvert la
bouche de la soirée et il a à peine touché à son assiette.

   a Il était triste comme un bonnet de nuit
   b Il en a bavé des ronds de chapeaux.
   c Il a rendu son tablier.
   d Il travaille du chapeau.

6. La voisine d'Odile s'en est aperçue à temps alors elle

   a lui a laissé sa dernière chemise.
   b l'a échappé belle.
   c il lui a rendu son tablier.
   d il travaille du chapeau.

2. Deux langues – deux images

1. Bruno est un *(große Mütze / hohes Tier)* politique et moi, je suis folle de lui.

2. Maman disait que je *(mit dem Hut arbeitete / verrückt sei)*.

3. J'aurais dû rendre *(meine Schürze / meinen Hut)* après notre première rencontre.

4. Ce qui compte, c'est un mari loyal et non pas un *(Unterrockjäger / Schürzenjäger)*.

5. Bruno, c'est le type qui *(den Schuh an seinem Fuß findet / der an jedem Finger zehn hat)*.

6. Je commence à en avoir plein *(die Stiefel / die Nase)*. Mais aurai-je la force de laisser tomber Bruno?

3. C'est le petit détail qui compte – décidez-vous!

1. Bruno me fait la *cour / court* depuis trois mois.

2. Mon problème c'est que Bruno *cour / court les filles / après les filles*.

3. Non, il n'est pas fidèle. C'est un *coureur / courrier* de *jupon / jupons*.

4. J'en ai bavé des ronds de *chapeaux / chapeau* en essayant de le faire changer de comportement.

5. Mais on ne peut pas changer le comportement d'une personne qui travaille *des chapeaux / du chapeau*.

6. Un jour je vais *le chasser de ma vie / chasser mon compte*.

4. Chapeau et bonnet

Classez les nombres et les lettres et refaites le dialogue.
Exemple: **1.** d

La mère de Jean raconte:

1. Mon fils Jean a un problème, docteur. Tout a bien marché au début. Jean a réussi son examen, il a même été reçu premier.

2. Quand il est entré chez Avintus, *il en a bavé des ronds de chapeau* pour arriver au poste qu'il occupe dans cette compagnie.

3. Trois mois plus tard, il avait déjà mis au point 4 brevets d'invention.

4. Eh bien, voilà, il a un petit défaut, il *la tête près du bonnet*, il se met facilement en colère.

5. Et depuis quelque temps, il ne me dit plus la vérité et je crois qu'il est mêlé à des affaires pas très honnêtes.

6. Sa compagnie vient de faire faillite et elle cherche un coupable pour lui en faire porter la responsabilité.

Le psychologue Barbefer réagit:

a *Chapeau!* En voilà un jeune homme qui aime le travail.

b Si je comprends bien on veut lui faire *porter le chapeau*. Madame, allez plutôt consulter un avocat, je ne peux rien pour vous.

c C'est vraiment admirable. *Je tire mon chapeau à ce jeune homme* génial. Mais quel est donc votre problème, Madame ?

d *Chapeau bas!*

e *Avoir la tête près du bonnet*, et se mettre facilement en colère revient au même. Je dirai *c'est bonnet blanc et blanc bonnet*. Ce n'est pas si grave.

f Hélas! Dans le commerce et l'industrie il faut parfois *prendre sous son bonnet* des actes qu'on réprouve.

5. Les Carrés Magiques: Une affaire de cœur

Welcher Buchstabe gehört zu welcher Zahl?
Tragen Sie die Zahlen in die magischen Quadrate ein.
Zeilen und Spalten addieren sich zur magischen Zahl 15.

1. Mon amie a .... mon compte en banque.
2. J'y ai même .... jusqu'à ma dernière chemise.
3. Mon avocat voulait la .... sous les verrous.
   J'ai dit non.
4. J'aurais dû lui .... mon tablier
   après notre première rencontre.
5. Dès le début c'était elle qui .... la culotte.
6. J'ai essayé de la .... de ma vie
   mais elle s'est moquée de moi.
7. Et moi, je savais qu'elle ....
   chaussure à son pied.
8. Mon copain Robert m'avait dit: «Tu sais qui j'ai vu dans
   les bras du patron? Je te le ....
   en mille!, ta femme!»
9. Mais j'ai besoin d'une femme; ....
   les filles, ce n'est pas mon genre.

a laissé	**b** courir	**c** rendre
d trouverait	**e** portait	**f** mettre
g chasser	**h** vidé	**i** donne

a =	b =	c =
d =	e =	f =
g =	h =	i =

D'UN COUP D'ŒIL

Redensarten mit Kopfbedeckungen

en baver des ronds de chapeau
sich ein Bein ausreißen, sich
abrackern

chapeau bas!
alle Achtung! Hut ab!

porter le chapeau
dafür geradestehen (müssen),
den Kopf hinhalten müssen

faire porter le chapeau à qn
j-m die Schuld in die Schuhe
schieben

tirer son chapeau à qn
seinen Hut vor j-m ziehen

travailler du chapeau
nicht alle Tassen im Schrank
haben, eine Meise haben

un gros bonnet
ein hohes Tier

avoir la tête près du bonnet
ein Hitzkopf, hitzköpfig sein;
rasch aufbrausen, hochgehen

c'est bonnet blanc et blanc bonnet
das ist Jacke wie Hose, gehupft
wie gesprungen

prendre qc sous son bonnet
etw auf die eigene Kappe nehmen, Verantwortung für etw
übernehmen

jeter son bonnet par-dessus les moulins
sich über die Moral, guten Sitten
hinwegsetzen

Der Kampf der Geschlechter

faire la cour à qn
j-m den Hof machen

l'amour (m) est aveugle
Liebe macht blind

un coureur de jupons
ein Schürzenjäger

être pendu aux basques de que qu'un
j-m auf der Pelle kleben

un de perdu, dix de retrouvé
für einen Verflossenen finden
sich zehn andere

courir les filles
hinter den Mädchen her sein

porter la culotte
die Hosen anhaben

trouver chaussures à son pied
den Richtigen, die Richtige, den
passenden Partner finden

en voilà du culot
ganz schön frech, unverschämt

il se fiche d'elle comme de sa première chemise
sie lässt ihn völlig kalt

y laisser jusqu'à sa dernière chemise
sein letztes Hemd verlieren

rendre son tablier
seinen Hut nehmen

être triste comme un bonnet de nuit
ein Trauerkloß sein

en apprendre de belles sur qn
reizende Dinge über j-n erfahren

chasser qn de sa vie
j-n aus seinem Leben streichen

il ne faut pas se laisser abattre
man darf sich nicht unterkriegen
lassen

en avoir plein les bottes
die Schnauze voll haben

l'échapper belle
noch einmal (mit dem Schrecken)
davonkommen

aller à quelqu'un comme un gant
einem wie angegossen sitzen

Weitere Redensarten

rond; 25 francs tout ~
genau 25 Francs

130

vider un compte
   ein Bankkonto abräumen
mettre qn sous les verrous
   j-n hinter Schloss und Riegel
   bringen
je te le donne en mille
   ich wette hundert zu eins, dass
   du es nicht errätst
au fil des jours
   im Lauf der Zeit

FERME
AUBERGE
→

A table chez les Legros

1 La mère: Arrête, Marie, laisse des frites pour les autres. Tu as toujours *les yeux plus grands que le ventre* et tu ne finis jamais ton assiette ! (Le téléphone sonne. C'est pour Pierre, le fils aîné.)

Le père: Si c'est encore ton amie Monique qui veut que tu sortes, c'est non ! Ne te laisse pas *mener par le bout du nez* par cette fille !

La Belle et la Bête: Trois sœurs

2 Il était une fois un marchand extrêmement riche. Il avait six enfants, trois garçons et trois filles. Il aimait tellement ses filles qu'il les laissait le *mener par le bout du nez* du matin au soir. Il ne savait rien leur refuser. Les filles étaient très belles, mais la cadette surtout se faisait admirer. On l'appelait, quand elle était petite, Belle enfant, et le nom lui resta, ce qui donna beaucoup de jalousie à ses sœurs.

Les deux aînées avaient beaucoup d'orgueil parce qu'elles étaient riches et elles n'étaient jamais satisfaites. *Elles avaient toujours les yeux plus grands que le ventre* et souhaitaient de leur père des cadeaux hors de prix. Le brave homme faisait tout ce qu'il pouvait pour les satisfaire, il achetait des bijoux, des chevaux, donnait des bals somptueux.

avoir les yeux plus grands que le ventre
die Augen sind größer als der Magen

mener quelqu'un par le bout du nez
jemanden um den kleinen Finger wickeln
(Nasenspitze)

3 Dans la rue

Mme Dupuis: Tiens, bonjour, Mme Legros, comment allez-vous? Et la nouvelle fille au pair, ça va?

Mme Legros: Ne m'en parlez pas! C'est une catastrophe. Elle fait tout de travers, traîne toute la journée dans sa chambre et *fait la tête** quand elle doit *mettre la main à la pâte*! En plus, elle téléphone sans arrêt à ses parents en Amérique et vous savez, pour les Etats-Unis, les communications, ça *coûte les yeux de la tête*!

Mme Dupuis: Mon Dieu, que de tracas, c'est comme chez nous avec les locataires …

4 La Belle et la Bête: Revers de fortune

Bref, ses filles lui *coûtaient les yeux de la tête*. Mais un jour, le marchand perdit toute sa fortune et il ne lui resta qu'une petite maison de campagne bien loin de la ville. En pleurant, il dit à ses enfants qu'il fallait aller demeurer dans cette maison et que si chacun *mettait la main à la pâte* ils pourraient vivre aussi bien que des paysans. Ses deux filles aînées répondirent qu'elles ne voulaient pas quitter la ville et qu'elles avaient plusieurs prétendants qui seraient trop heureux de *demander leur main** même sans fortune. Mais les bonnes demoiselles se trompaient: leurs prétendants ne voulurent plus les regarder maintenant qu'elles étaient pauvres et elles durent bien se résoudre à suivre leur père.

mettre la main à la pâte
mit zupacken, mit Hand anlegen
(Teig)

coûter les yeux de la tête
ein Vermögen kosten
(Augen, Kopf)

5 **Sur un chantier de vacances**

Chère grand-mère,

Merci de ta lettre. Tu voulais de nos nouvelles.
Commençons par mon frère Christian qui va mieux depuis
quelques jours. Quand il est arrivé sur le chantier, *il faisait
triste figure* et répétait qu'il trouvait idiot de passer ses
vacances à reconstruire une vieille bergerie en ruine.
Et puis, il a fait la connaissance de Corinne, une Belge bien
sympa. Et depuis, si tu voyais comme *il met du cœur à
l'ouvrage*. Il faut même le freiner quelquefois. Moi aussi,
j'ai rencontré une fille sympa. Elle s'appelle Barbara et elle
a 20 ans. Je t'en parlerai à notre retour. J'espère que tu vas
bien. Je t'embrasse.

A bientôt
Paul

6 **La Belle et la Bête: Pauvre comme Job**

Dès qu'ils furent arrivés à leur maison de campagne, le marchand et ses fils s'occupèrent de
labourer la terre. La Belle *mettait du cœur à l'ouvrage*, elle
se levait à quatre heures du matin et se dépêchait de
nettoyer la maison et de préparer le dîner pour toute la
famille. Ensuite, elle lisait et elle chantait, heureuse de sa
nouvelle vie.
Ses deux sœurs, par contre, *faisaient triste figure*. Elles se
levaient à dix heures du matin et se lamentaient toute la
journée, regrettant leurs beaux habits et les brillantes
compagnies.
«Regardez notre sœur cadette,» disaient-elles, «elle est si
stupide qu'elle est contente de notre situation.»

faire triste figure
ein trauriges Gesicht machen

mettre du cœur à l'ouvrage
mit Lust und Liebe arbeiten, ganz bei der Sache sein
(Herz)

7 Chez le pâtissier: Deux vendeuses discutent

Le patron: Allez, mesdemoiselles, ne restez pas sans rien faire. Croyez-vous que je vous paie pour que vous *vous tourniez les pouces*?

Vendeuse: Mais monsieur, il n'y a pas de client!

Le patron: Alors remettez des petits fours en vitrine, il n'y en a plus, et *donnez un coup de balai**. Mon Dieu, il faut tout vous expliquer! (Le patron retourne à l'arrière-boutique.)

Vendeuse: Oh la la, *il est de mauvaise humeur**!

Autre vendeuse: C'est à cause de sa femme. Le notaire *lui a tourné la tête*, et elle veut tout plaquer: pâtisserie, pâtissier etc.

Vendeuse: Ah, maintenant je comprends mieux.

8 La Belle et la Bête: Fortune trompeuse

Le bon marchand admirait la vertu de Belle et surtout sa patience, car ses sœurs non seulement *se tournaient les pouces* du matin au soir, mais l'insultaient à tout moment.

Un jour le marchand apprit qu'un vaisseau qu'on croyait perdu et sur lequel il avait des marchandises venait d'arriver à bon port. Cette nouvelle *tourna la tête* aux deux aînées qui prièrent leur père de leur rapporter toutes sortes de choses précieuses. Quant à la Belle, elle ne lui demanda rien.

«Tu ne me demandes pas de t'acheter quelque chose?»

«Puisque vous avez la bonté de penser à moi», répondit-elle, «je vous prie de m'apporter une rose car il n'en pousse pas ici.»

Le père partit, mais à son arrivée, on lui fit un procès pour ses marchandises et après avoir eu bien des ennuis, *il s'en retourna l'oreille basse** aussi pauvre qu'il était auparavant.

se tourner les pouces
Däumchen drehen

tourner la tête à quelqu'un
j-n den Kopf verdrehen, j-m zu Kopfe steigen

9 Au marché

Mme Bidaut: Bonjour, Madame Foinet, donnez-moi un kilo de tomates.

Mme Foinet: Voilà. Et avec ça?

Mme Bidaut: Ce sera tout. Vous savez que Madeleine a quitté le quartier?

Mme Foinet: Ah bon. Et pourquoi donc?

Mme Bidaut: Son patron a fait faillite et elle a dû chercher une autre place. C'est *la mort dans l'âme* qu'elle a dû vendre la maison de ses parents.

Mme Foinet: C'est bien triste, tout ça, mais dites donc, regardez là-bas, au volant de la Porsche rouge …

Mme Bidaut: Ça alors, *je n'en crois pas mes yeux*, c'est Madeleine, et en Porsche.

10 La Belle et la Bête: Le château dans le bois

Comme il fallait traverser un grand bois avant d'arriver chez lui, il se perdit. Il neigeait terriblement, le vent était froid et son cheval fatigué. La nuit était venue et *la mort dans l'âme* il pensa qu'il allait mourir de faim ou qu'il serait mangé par les loups qu'il entendait hurler autour de lui.

Tout à coup, en regardant au bout d'une longue allée d'arbres, *il n'en crut pas ses yeux*. Il aperçut une grande lumière qui venait d'un beau palais tout illuminé. Il se dépêcha d'arriver au château, mais fut tout étonné de ne trouver personne dans le parc.

Voyant une écurie ouverte dans laquelle il y avait du foin et de l'avoine, il y attacha son cheval, puis marcha vers la maison où il ne trouva personne. Mais, étant entré dans une grande salle, il y vit un bon feu et une table chargée de plats merveilleux. Sur la table, un seul couvert était mis.

la mort dans l'âme
zu Tode betrübt, todtraurig

ne pas en croire ses yeux
seinen Augen nicht trauen

Deux amis discutent au café

Pierre: Alors, ce week-end en amoureux avec ta femme?

David: Il avait bien commencé, mais il a failli mal tourner. Samedi soir, nous avons décidé de faire une promenade dans la forêt et nous nous sommes perdus. Nous avons tourné pendant deux heures sans arriver à nous retrouver. *Pour comble de malchance**, il y a eu un orage terrible et il s'est mis à pleuvoir si fort que *nous avons été mouillés jusqu'aux os* en quelques minutes. Nous sommes enfin tombés chez des paysans qui nous ont *offert la goutte**. Ça nous a *redonné du cœur au ventre* et grâce à leurs explications nous sommes arrivés avant huit heures au village. Mais on se souviendra de cette promenade en forêt!

La Belle et la Bête: Une rose pour Belle

Comme la pluie l'avait *mouillé jusqu'aux os*, il s'approcha du feu pour se sécher et se dit:
«Le maître de la maison me pardonnera la liberté que j'ai prise et viendra bientôt sans doute.»
Il attendit longtemps, mais onze heures ayant sonné sans que personne ne vienne, il ne put résister à sa faim. Il prit un poulet qu'il *mangea en deux bouchées** et il but aussi un peu de vin. Cela lui *redonna du cœur au ventre*; il sortit du château pour aller chercher son cheval. Comme il passait devant des roses, il se souvint que la Belle lui en avait demandé une et il cueillit une branche. A ce moment, il entendit un grand bruit et vit venir à lui une bête si horrible que *ses cheveux se dressèrent sur sa tête**.

être mouillé jusqu'aux os
bis auf die Haut durchnässt sein
(Knochen)

donner du cœur au ventre
(wieder) Mut machen
(Herz, Bauch)

13 **Nadine chez sa tante**

Tante: Nadine, s'il te plaît, arrête de courir autour du vase en porcelaine. Tu vas finir par le casser et tu sais que *j'y tiens comme à la prunelle de mes yeux*.
Nadine: Je peux jouer avec le chat alors?
Tante: Oui, bien sûr. (Alors Nadine sort une balle de sa poche, la lance au chat qui bondit sur le vase. La tante *sent son sang se glacer dans ses veines*.)
Tante: Mon vase …!!

14 **La Belle et la Bête: Le prix de la rose**

« Vous êtes un ingrat,» lui dit la bête d'une voix terrible. «Je vous ai sauvé la vie et pour me remercier, vous me volez mes roses *auxquelles je tiens comme à la prunelle de mes yeux*. Il faut mourir pour réparer cette faute.»
Le marchand se jeta à genoux et dit à la bête:
«Monseigneur, pardonnez-moi. Je ne croyais pas vous offenser en cueillant une rose pour une de mes filles.»
«Je ne m'appelle pas Monseigneur», répondit le monstre.
«Vous avez des filles, hmm … Alors, je vous pardonnerai à condition que l'une d'elle vienne ici pour mourir à votre place. Partez! Mais si vos filles refusent de mourir pour vous, jurez-moi que vous reviendrez ici dans trois mois.»
Le marchand sentit *son sang se glacer dans ses veines* en entendant ces mots et pensa qu'il ne sacrifierait pas ses filles à ce vilain monstre.

tenir à quelque chose comme à la prunelle de ses yeux
etwas wie seinen Augapfel hüten
(Pupille, Augen)

sentir son sang ses glacer dans ses veines
spüren, wie einem das Blut in den Adern gerinnt

Un danger public

15 Les deux amies Nadine et Yvette au café.

Nadine: Qu'est-ce que tu prends?

Yvette: Un double cognac, j'en ai besoin.

Nadine: Qu'est-ce qui t'arrive?

Yvette: Je viens de rater mon permis pour la troisième fois et *j'ai encore les jambes en coton* et *le cœur qui bat* tant j'ai eu peur.

Nadine: Mais peur de quoi?

Yvette: De l'examinateur. Il a passé son temps à hurler et j'ai *perdu tous mes moyens**. Quand il m'a dit de prendre à gauche, j'ai tourné à droite. C'était une rue en sens unique et nous avons failli rentrer dans le camion des poubelles. L'examinateur était furieux, il m'a traitée de danger public!

Nadine: Quel sale type. Ce n'est pas étonnant que tu aies raté ton permis!

La Belle et la Bête: Un coffre rempli d'or

16 Le pauvre père, *les jambes en coton,* jura donc de revenir. La Bête lui dit alors:

«Je ne veux pas que tu partes les mains vides. Retourne dans la chambre où tu as dormi. Tu y trouveras un grand coffre. Tu peux y mettre tout ce qui te plaira. Je le ferai porter chez toi!»

Le brave homme, *le cœur battant,* retourna dans la chambre et il remplit le grand coffre de pièces d'or. Puis il alla à l'écurie, reprit son cheval et quitta le palais avec une tristesse égale à la joie qu'il avait lorsqu'il y était entré. Son cheval prit la bonne route de lui-même et en peu d'heures, le marchand retrouva sa petite maison.

avoir les jambes en coton
weiche Knie haben / bekommen
(Beine)

avoir le cœur qui bat
Herzklopfen haben

17 Des billets de théâtre pour rien

Anne et Bruno Dupuis ont des billets de théâtre pour 21 heures ce soir, mais M. Dupuis arrive avec deux heures de retard.

Anne: Enfin te voilà. *Je me suis fait du mauvais sang* et puis, nous avons loupé le théâtre maintenant.

Bruno: Oh, ma chérie. Je suis désolé, mais il m'est arrivé une histoire très bête. Juste avant de quitter le bureau, je suis allé aux toilettes, et je n'ai pas pu en ressortir. La clé s'était bloquée dans la serrure. J'ai dû attendre que quel-qu'un vienne et aille prévenir le concierge. Il m'a délivré *en un tournemain*, mais je n'ai pas pu arriver plus tôt.

Anne: Alors, qu'est-ce qu'on fait ce soir, je suis déçue!

Bruno: Allez, je t'invite au restaurant!

18 La Belle et la Bête: Belle prend une décision

Le père appela ses enfants, et la Belle qui *s'était fait du mauvais sang* depuis le départ du père, *se jeta à son cou** Mais le père se mit à pleurer en lui donnant les roses qu'il tenait à la main.

«La Belle, prenez ces roses, elles coûteront bien cher à votre malheureux père.»

Et il raconta à sa famille la triste aventure qui lui était arrivée. A ces mots, les deux aînées *poussèrent de grands cris** et dirent des injures à la Belle qui ne pleurait pas.

«Il serait inutile de pleurer,» dit la Belle. «Puisque le monstre veut bien accepter une de ses filles, je veux me livrer à sa furie.»

«Non, ma sœur,» dirent ses trois frères, «vous ne mourrez pas. Nous irons trouver ce monstre et *en un tournemain* nous le tuerons.»

se faire du mauvais sang
sich Sorgen machen
(Blut)

en un tournemain
im Handumdrehen

141

VOCABULAIRE

1. A table chez les Legros

ventre (m)
Bauch
assiette (f); finir son ~
seinen Teller leer essen
aîné, e; le fils aîné
der ältere Sohn
elle veut que tu sortes
sie will, dass du (mit ihr)
ausgehst

2. La Belle et la Bête: Trois sœurs

il était une fois
es war einmal
marchand; marchande
Kaufmann, Händler
refuser de faire qc
sich weigern, etw zu tun
il ne savait rien leur refuser
er konnte ihnen nichts
abschlagen
cadet, te; la fille cadette
die jüngere Tochter
se faire admirer
sich bewundern lassen
le nom lui resta
der Name blieb ihr (il resta –
passé simple, il restait – imparfait, il est resté – passé composé)
sans que personne ne vienne
(Konjunktiv nach sans que)
ohne dass jemand gekommen
wäre
jalousie (f)
Eifersucht
orgueil (m)
Stolz
**cadeau (m); des cadeaux hors
de prix**
viel zu teure Geschenke
faire tout pour les satisfaire
alles tun, um sie zufrieden zu
stellen

bijoux (m, pl)
Schmuck
**somptueux, se; des bals
somptueux**
prunkvolle Bälle

3. Dans la rue

faire tout de travers
alles verkehrt machen
traîner
trödeln
faire la tête
ein Gesicht ziehen, schmollen
pâte (f)
Teig
communication (f)
(Fern-)Gespräch
que de tracas (m)
wie ärgerlich
locataire
Mieter

4. La Belle et la Bête: Revers de fortune

revers (m) de fortune
Schicksalsschlag
perdre sa fortune
sein Vermögen verlieren
il perdit toute sa fortune (passé
simple)
er verlor sein ganzes Vermögen
(Schriftsprache)
il a perdu toute sa fortune (passé
composé)
er verlor sein ganzes Vermögen .
pleurer; en pleurant il dit ...
weinend sagte er ...
prétendant (m)
hier: Freier
demander la main à qn
um j-s Hand anhalten
ils voulurent
(passé simple von vouloir)
sie wollten

ils durent (passé simple von devoir)
  sie mussten
se résoudre à faire
  sich entschließen zu tun

5. Sur une chantier de vacances

chantier (m)
  Baustelle
il va mieux
  es geht ihm besser
bergerie, une vieille ~
  eine alte Schäferei
reconstruire
  wieder aufbauen
faire la connaissance; de qn
  j-n kennen lernen
freiner
  bremsen

6. La Belle et la Bête: Pauvre comme Job

Job
  Hiob
ils furent arrivés (passé simple von être)
  sie kamen an (Schriftsprache)
ils sont arrivés (passé composé)
  sie kamen an (gesprochene Sprache)
labourer la terre
  hier: das Feld bestellen
se dépêcher de faire qc
  sich mit etwas beeilen
par contre
  hingegen
regretter ses beaux habits
  seine schönen Kleider vermissen
content, e
  zufrieden

7. Chez le pâtissier: deux vendeuses discutent

vitrine (f)
  Schaufenster
donner un coup de balai (m)
  auffegen, kehren
arrière-boutique (f)
  Hinterzimmer
être de mauvaise humeur
  schlechter Laune sein
notaire (m)
  Notar
plaquer
  aufgeben, hinschmeißen
pâtisserie, (f)
  Konditorei
pâtissier (m)
  Konditor

8. La Belle et la Bête: Fortune trompeuse

fortune (f) trompeuse
  trügerisches Schicksal
vertu (f)
  Tugend
insulter
  beleidigen
il apprit (apprendre) que
  er erfuhr, dass
vaisseau (m)
  Schiff
marchandise (f)
  Ware
elles prièrent
  sie baten
précieux, se
  kostbar
avoir la bonté de faire
  die Güte haben zu tun
pousser
  wachsen
avoir des ennuis
  Ärger haben

retourner l'oreille basse
  gesenkten Haupts zurückkehren
aussi pauvre qu'il était
auparavant
  genauso arm wie zuvor

9. Au marché

et avec ça?
  sonst noch etwas?
faire faillite (f)
  Bankrott machen
elle a dû (Partizip von devoir)
  sie musste, sollte
elle a dû chercher une autre place
  sie hat wohl eine neue Stelle
  suchen müssen
âme (f)
  Seele

10. La Belle et la Bête: Le château dans le bois

bois (m)
  Wald, Gehölz
il se perdit (perdre)
  er verlief sich
il neigeait
  es schneite
cheval (m)
  Pferd
fatigué,e
  müde
mourir de faim (f)
  verhungern
il entendait hurler les loups (m, pl)
  er hörte die Wölfe heulen
il aperçut (passé simple von apercevoir)
  er bemerkte
écurie (f)
  Stall
foin (m)
  Heu
avoine (f)
  Hafer

attacher le cheval
  das Pferd anbinden
il y vit un feu (passé simple von voir)
  er sah ein Feuer
plat (m)
  Teller, Gericht
mettre le couvert
  den Tisch decken

11. Deux amis discutent au café

amoureux; un week-end en ~
  ein verliebtes Wochenende
faillir mal tourner
  beinahe ins Auge gehen
nous nous sommes perdus (perdre)
  wir haben uns verirrt
tourner (en rond)
  sich im Kreise drehen
arriver à fare qc
  gelingen, Erfolg haben bei
pour comble de malchance (f)
  zu allem Unglück
orage (m) terrible
  schreckliches Gewitter
il s'est mis à pleuvoir ~
  es begann zu regnen
tomber chez des paysans (m, pl)
  auf Bauern stoßen
goutte (f)
  Tropfen, Schluck
offrir la goutte à qn
  j-m ein Gläschen Schnaps
  anbieten
grâce à leurs explications (f, pl)
  dank ihren Erklärungen

12. La Belle et la Bête: Une rose pour Belle

s'approcher du feu
  näher ans Feuer rücken

sécher
trocknen
se dire à soi-même
zu sich selber sagen
onze heures ayant sonné
nachdem die Glocke 11 Uhr
geschlagen hatte
ne pas résister à sa faim
seinem Hunger nicht mehr
widerstehen können
manger en deux bouchées (f, pl)
mit zwei Bissen runterschlucken
passer devant des roses (f, pl)
an Rosen vorbeikommen
cueillir une branche
einen Zweig abbrechen
il entendit (passé simple von
entendre)
er hörte
il vit (passé simple von voir)
er sah
**ses cheveux se dressèrent sur sa
tête**
seine Haare standen ihm zu Berge

13. Nadine chez sa tante

finir par faire qc
schließlich etw tun
casser un vase
eine Vase zerbrechen
lancer
werfen
bondir
hüpfen, springen

14. La Belle et la Bête:
Le prix de la rose

ingrat (m)
Undankbarer
réparer une faute
einen Fehler, ein Vergehen wieder gutmachen
se jeter à genoux (m, pl)
auf die Knie fallen

offenser qn
j-n beleidigen, verletzen
cueillir une rose
eine Rose pflücken
s'appeler
heißen
à condition que ... (mit Konjunktiv)
unter der Bedingung, dass ...
sacrifier sa fille
seine Tochter opfern
vilain monstre (m)
gemeines Ungeheuer

15. Un danger public

permis de conduire (m)
Führerschein
rater son permis
bei der Führerscheinprüfung
durchfallen
tant j'ai eu peur (f)
so viel Angst habe ich gehabt
examinateur (m)
Prüfer
passer son temps à faire
seine Zeit mit ... verbringen
hurler
brüllen, schreien
perdre tous ses moyens (m, pl)
verunsichert werden
rue (f) en sens unique (m)
Einbahnstraße
faillir rentrer
beinahe rammen
camion (m) des poubelles (f, pl)
Müllauto
traiter qn de qc
j-n etwas nennen, heißen
danger (m) public
Gefahr für die Öffentlichkeit
sale type (m)
gemeiner Kerl
que tu aies
dass du hast (Konjunktiv von
avoir nach Gefühlsäußerung)

16. Un coffre rempli d'or

remplir le coffre
die Truhe füllen
or (m)
Gold
écurie (f)
Stall
tristesse (f)
Traurigkeit

17. Des billets de théâtre pour rien

louper le théâtre
die Theateraufführung
versäumen
ressortir
wieder herauskommen
serrure (f)
(Tür-)Schloss
prévenir
benachrichtigen, warnen
délivrer
erlösen
déçu, e
enttäuscht

18. La Belle et la Bête: Belle prend une décision

se jeter au cou de qn
j-m um den Hals fallen
coûter cher à qn
j-m teuer zu stehen kommen
pousser de grands cris
laute Schreie ausstoßen
injure (f)
Beleidigung
inutile; il est ~ de pleurer
Heulen hilft nichts
se livrer à qn
sich j-m ausliefern
furie (f)
Wüten

Vokabelhilfen zu den Übungen

bile (f)
Galle
bouche (f)
Mund
cheveu (m)
Haar
obéir
gehorchen
œil (m)
Auge
oreille (f)
Ohr
poil (m)
Haar
problèmes (m, pl) de couple
Eheprobleme
s'occuper des enfants
sich um die Kinder kümmern
s'offrir une Porsche
sich einen Porsche leisten

EXERCICES

1. Quelle est la meilleure réponse?

Paul et Anne ont des problèmes de couple.

1. Paul lui fait faire tout ce qu'il veut et Anne lui obéit en tout.
   a Il la mène par le bout du nez.
   b Il lui tourne la tête.
   c Il lui donne du cœur au ventre.

2. Anne doit tout faire: s'occuper des enfants, faire le ménage et la cuisine, mais Paul, lui,
   a il met la main à la pâte.
   b il s'en retourne l'oreille basse.
   c il se tourne les pouces.

3. Oui, Anne n'est pas gaie. On ne la voit presque jamais sourire.
   a Elle se fait du mauvais sang.
   b Elle fait souvent triste figure.
   c Elle fait tout en tournemain.

4. Ils ont peut-être des problèmes d'argent. Tu sais que Paul veut s'offrir une Porsche;
   a ça donne du cœur au ventre.
   b ça va tourner la tête à Anne.
   c ça coûte les yeux de la tête.

5. Une Porsche! Quelle idée! Mais c'est tout Paul, ça.
   a Il a les yeux plus grands que le ventre.
   b Ça va lui donner du cœur au ventre.
   c Il met la main à la pâte.

6. A l'idée de rouler à 200 km à l'heure
   a elle a les jambes en coton.
   b elle se fait du mauvais sang.
   c elle a la mort dans l'âme.

2. Six idomes de plus: Casse-tête!

Complétez ces phrases.

1. Il coupe toujours les .... *cheveux* .... en quatre.

2. Cela lui entre par une .... et lui sort par l'autre.

3. Il fait de l' .... à Marie.

4. Il fourre son .... partout.

5. Il est endetté jusqu'au ....

6. Il garde ça pour la bonne ....

Pour être vraiment sûr.

1. Er betreibt ....

2. Das geht ihm ....

3. Er .... Marie ....

4. Er steckt seine ....

5. Er steckt bis zum .... in ....

6. Er hebt .... Schluss ....

3. Les Carrés Magiques

Welcher Buchstabe gehört zu welcher Zahl?
Tragen Sie die Zahlen in die magischen Quadrate ein.
Reihen und Spalten addieren sich zur magischen Zahl 15.

a cheveux / tête	**b** tourner / tête	**c** sang / veines
d crois / yeux	**e** prunelle / yeux	**f** jambes / coton
g fait / l'œil	**h** ventre / cœur	**i** cœur / bat

1. Je n'en .... pas mes ....
   C'est Anne en Porsche!
2. Paul sentirait son .... se glacer dans ses
   ....s'il savait.
3. La pauvre! Il faut lui redonner du .... au
   ....
4. Mais je comprends Paul. Il a toujours le ....
   .... qui .... quand Anne prend sa Porsche.
5. Oui, Paul tient à sa Porsche comme à la ....
   de ses ....
6. Ses .... se dresseraient sur sa ....
   s'il la voyait dans sa Porsche.
7. Je crois qu'elle est en train de .... la ....
   à son chirurgien qui l'a soignée après son accident.
8. Oui, c'est une honte, comme elle lui ....
   de   . ...
9. J'ai les .... en ....
   quand je pense à l'accident qu' Anne a eu avec la Renault.

a =	b =	c =
d =	e =	f =
g =	h =	i =

4. Des façons de parler en prime

Quel chiffre correspond à quelle lettre?

1. Il fait une tête d'enterrement.
2. Il se fait de la bile.
3. Il met les bouchées doubles.
4. Il a le cœur gros.
5. Il a un poil dans la main.

a Er macht sich große Sorgen.
b Ihm ist schwer ums Herz.
c Er macht ein Gesicht wie drei Tage Regenwetter.
d Er liegt auf der faulen Haut.
e Er arbeitet doppelt so schnell.

5. Remplacez les expressions standards par des expressions imagées

Anne: Combien as-tu payé ce tableau?
Bruno: Deux cents millions.
Anne: Non?! Mais *c'est très cher.*
Bruno: Le propriétaire *l'aimait beaucoup.* Il *lui a été très difficile* de s'en séparer, mais il avait besoin de cet argent.

6. Complétez l'histoire

Yvonne: Mais peux-tu m'expliquer pourquoi tu t'es .... de l'hôpital une minute avant ton opération?

Yves: L'infirmière disait tout le temps: «Ne .... ! Ce n'est qu'une simple opération de routine.»

Yvonne: Mais toutes les infirmières te parlent comme ça. Elle voulait ....

Yves: Tu ne comprends pas. Elle a parlé au chirurgien qui ....

La tête – der Kopf

les cheveux se dressent sur sa tête
die Haare stehen ihm zu Berge
faire une tête d'enterrement
ein Gesicht wie drei Tage Regenwetter machen
faire triste figure
ein trauriges Gesicht machen
coûter les yeux de la tête
ein Vermögen kosten
tourner la tête à quelqu'un
j-n den Kopf verdrehen, j-m zu Kopfe steigen
ne pas en croire ses yeux
seinen Augen nicht trauen
tenir à qc comme à la prunelle de ses yeux
etwas wie seinen Augapfel hüten
tu as les yeux plus grands que le ventre
deine Augen sind größer als der Magen
mener qn par le bout du nez
j-n um den kleinen Finger wickeln
retourner l'oreille basse
gesenkten Haupts zurückkehren
mettre les bouchées doubles
doppelt so schnell arbeiten, sich ins Zeug legen

L'âme, le cœur et le sang – Seele, Herz und Blut

la mort dans l'âme
zu Tode betrübt, todtraurig
il a le cœur gros
ihm ist schwer ums Herz
avoir le cœur qui bat
Herzklopfen haben
donner du cœur au ventre
j-m Mut machen
mettre du cœur à l'ouvrage
mit Lust und Liebe arbeiten

se faire du mauvais sang
sich Sorgen machen
sentir son sang se glacer dans ses veines
spüren, wie einem das Blut in den Adern gerinnt

La main, le bras et la jambe etc. – Hand, Arm und Bein etc.

demander la main de qn
um j-s Hand anhalten
obéir au doigt et à l'œil
j-m aufs Wort gehorchen
se tourner les pouces
Däumchen drehen
mettre la main à la pâte
mit zupacken, mit Hand anlegen
donner un coup de main à qn
j-m helfen
faire en un tournemain
im Handumdrehen tun
avoir un poil dans la main
auf der faulen Haut liegen
avoir les jambes en coton
weiche Knie haben / bekommen
être mouillé jusqu'aux os
bis auf die Haut durchnässt sein
se faire de la bile
sich große Sorgen machen

CORPS HUMAIN 2

19 **Deux jeunes filles au bal**

Claire: Regarde, le type au bar, il te regarde sans arrêt, ma parole, *il te fait les yeux doux*.

Anne: Je préfère l'autre là-bas.

Claire: Il a de beaux yeux, je trouve. Tiens, il te sourit.

Anne: Mais vas-y toi, si tu le trouves si bien. Moi, il ne m'intéresse pas!

Claire: C'est à toi qu'*il fait de l'œil**, pas à moi!

Anne: Allez, je vais danser avec l'autre là-bas.

Claire: Il est trop triste, Anne. Tu devrais lui parler.

Anne: (ironique) *Tu me fends le cœur*! Mais vraiment, ce n'est pas mon type. Vas-y, toi!

20 **La Belle et la Bête: Le sacrifice de Belle**

«N'y pensez pas, mes enfants,» leur dit le marchand, «le monstre est si fort qu'il n'y a aucun espoir de le tuer. Mais je suis vieux et je ne perdrais que quelques années de vie. J'irai chez la bête.»

«Je vous assure,» dit la Belle, «vous n'irez pas dans ce palais sans moi. Je préfère être dévorée par la bête que de mourir de chagrin en vous perdant.»

Le mots de Belle lui *fendirent le cœur* et il en oublia tout à fait le coffre rempli d'or.

Mais aussitôt qu'il se fut enfermé dans sa chambre, il fut très étonné de le trouver près de son lit. Il décida de ne pas dire à ses enfants qu'il était si riche, excepté à Belle qui lui apprit qu'il était venu quelques gentilshommes pendant son absence et que deux d'entre eux qui *faisaient les yeux doux* à ses sœurs feraient de bons maris. Elle pria son père de les marier, car elle était si bonne qu'elle pardonnait tout le mal qu'elles lui avaient fait.

faire les yeux doux à quelqu'un
jemandem schöne Augen machen

fendre le cœur à quelqu'un
jemandem das Herz brechen

!

Deux collègues au bureau, lundi matin

21 Janine: Bonjour, tout le monde, alors en forme?

Didier: Ne crie pas comme ça, s'il te plaît, j'ai un terrible mal de tête. *Je n'ai pas fermé l'œil de la nuit.*

Janine: Tu as fait la fête, je parie.

Didier: La fête, moi! Mon voisin a fait la fête, musique jusqu'à 6 heures du matin.

Janine: Pourquoi n'as-tu pas appelé la police?

Didier: La police? Mais il est gentil, mon voisin, il a *un cœur d'or*, toujours prêt à aider les autres, simplement un peu bruyant, c'est tout!

La Belle et la Bête: Face au monstre

22 Le lendemain, la Belle se rendit au château avec son père. Quand elle vit le monstre apparaître, *elle en eut la chair de poule** tant il était laid.

«Je me réjouis que vous soyez venue», lui dit le monstre. «Vous,» dit-il au père, «partez demain matin et ne revenez jamais. Bonne nuit, la Belle.»

La Belle et son père allèrent se coucher, *le cœur gros**, croyant *ne pas pouvoir fermer l'œil de la nuit*. Mais à peine furent-ils au lit qu'ils s'endormirent profondément.

Pendant son sommeil, la Belle vit une dame qui lui dit: «La bonne action que vous faites en donnant votre vie pour sauver celle de votre père prouve votre *cœur d'or*. Elle ne restera pas sans récompense.»

La Belle raconta ce rêve à son père ce qui le consola un peu.

ne pas pouvoir fermer l'œil de la nuit
die ganze Nacht kein Auge zutun

avoir un cœur d'or
ein Herz aus Gold haben

23 ### Curieuse rencontre: Une dame raconte

Ce matin en ouvrant la fenêtre, *j'en ai eu le souffle coupé*: perché sur notre cerisier en fleurs, il y avait un grand singe tout noir qui se balançait doucement. J'ai vite appelé mon fils qui l'a regardé *bouche bée*. Quand le singe nous a vus, il s'est élancé sur le balcon. Ça m'a fait un choc et j'ai vite refermé la fenêtre. Il a commencé à taper au carreau, je ne savais plus quoi faire et j'ai appelé les pompiers qui sont arrivés avec un vétérinaire pour le reconduire au zoo dont il s'était échappé. Quelle frayeur j'ai eue!

24 ### La Belle et la Bête: Le miroir magique

Lorqu'il fut parti, la Belle visita le château. Elle fut très surprise quand elle trouva une porte qui portait ces mots: «Appartement de la Belle». Elle ouvrit la porte et *en eut le souffle coupé*: La pièce était magnifique et ce qui la frappa le plus, ce fut la grande bibliothèque et les nombreux instruments de musique.

Elle ouvrit la bibliothèque et vit un livre où ce qu'elle lut la laissa *bouche bée*:

«Souhaitez et commandez, vous êtes ici la reine et la maîtresse.»

«Hélas,» dit-elle en soupirant, «je ne souhaite rien que de voir mon pauvre père et de savoir ce qu'il fait à présent.» Elle avait dit cela en elle-même, mais en jetant les yeux sur un grand miroir, quelle ne fut pas sa surprise de voir sa maison où son père arrivait avançant *comme une âme en peine**. Ses filles venaient au-devant de lui, mais malgré les grimaces qu'elles faisaient pour paraître tristes, la joie qu'elles avaient de la perte de leur sœur, se lisait sur leur visage.

en avoir le souffle coupé
der Atem stockt einem

bouche bée
mit offenem Mund

Un clochard au restaurant

25 Un clochard entre dans un restaurant, commande le menu le plus cher et une bouteille de vieux bordeaux. La garçon lui apporte le tout *à contre cœur** craignant qu'il ne puisse pas payer. Le clochard *mange à belles dents* et boit avec plaisir. Puis il paie et laisse un généreux pourboire au garçon à qui il dit:
«Il ne faut pas vous fier aux apparences, mon garçon, *l'habit ne fait pas le moine.*»*

La Belle et la Bête: Le souper

26 Un moment après, la scène disparut, et la Belle ne put s'empêcher de penser que la Bête était bien gentille et qu'elle n'avait rien à craindre d'elle. A midi, elle trouva la table mise. Pendant qu'elle *mangeait à belles dents* un chapon doré, elle entendit un excellent concert et des danseurs apparurent qui dansèrent sur le rythme de la musique. Le soir, comme elle allait se mettre à table, elle entendit le bruit que faisait la Bête et cela lui *fit froid dans le dos*.
«La Belle,» lui dit le monstre, «voulez-vous que je vous regarde souper?»
«Vous êtes le maître,» répondit la Belle en tremblant.
«Non,» répondit la Bête, «il n'y a de maîtresse que vous. Si cela vous ennuie, je sortirai tout de suite. Dites-moi, n'est-ce pas que vous me trouvez laid?»
«C'est vrai,» dit la Belle *à contre cœur**, car elle ne savait pas mentir, «mais je crois que vous êtes très bon.»

manger à belles dents
mit gesundem Appetit essen
(Zähne)

faire froid dans le dos
jemandem einen kalten Schauer über den Rücken jagen

Dans la salle de bains

Mère: Qui a pris mon rouge à lèvres? C'est toi, Tina?

Tina: *(en rougissant jusqu'aux oreilles)* Oui, maman.

Mère: Mais pour quoi faire, tu te maquilles déjà à 10 ans?

Tina: Toutes mes copines en ont, alors j'ai l'air d'un bébé, moi, sans rouge à lèvres.

Mère: Tiens, je t'en donne un tube, mais ne le prends plus sans permission.

Tina: *(sautant au cou de sa mère)* Oh, merci, maman! Tu es merveilleuse!

 La Belle et la Bête: La demande en mariage

La Belle soupa de bon appétit. Elle n'avait presque plus peur du monstre, mais elle manqua mourir de frayeur lorsqu'il lui dit:

«La Belle, voulez-vous être ma femme?»

Elle fut quelques minutes sans répondre, cette question lui ayant *coupé la voix**. Puis elle dit *en rougissant jusqu'aux oreilles*:

«Non. La Bête.»

A ce moment, ce pauvre monstre eut l'air si triste que la Belle lui aurait presque *sauté au cou* pour le consoler s'il n'avait pas été si laid.

rougir jusqu'aux oreilles
bis über beide Ohren rot werden

sauter au cou de quelqu'un
jemandem um den Hals fallen

Perdu dans un grand magasin

29 Le haut-parleur: «La maman du petit Patrick est priée de venir le chercher à l'accueil.»

Quelques minutes plus tard à l'accueil.

La mère: Oh, mon petit, je te retrouve. J'ai cru *perdre la tête* en ne te voyant plus. Avec tout ce qui se passe aujourd'hui, on a toujours peur. Qui l'a retrouvé?

La dame de l'accueil: Une vendeuse l'a vu qui *pleurait à chaudes larmes* et qui appelait sa maman. Alors elle nous l'a amené.

La mère: Merci beaucoup, merci. Viens Patrick, je t'achète un beau nounours pour te consoler.

La Belle et la Bête: La promesse

30 La Belle passa trois mois dans ce palais et chaque jour elle découvrait de nouvelles qualités à ce monstre qu'elle commençait à aimer.

Un jour, elle vit dans son miroir que son père était alité, *pâle comme la mort** et semblait au plus mal. La Belle dit à la Bête *en pleurant à chaudes larmes*:

«J'ai tant envie de revoir mon père que je mourrais de tristesse si vous refusiez de me laisser aller le voir.»

La Bête lui répondit:

«Vous serez près de lui demain matin, mais tenez votre promesse et revenez dans une semaine. Prenez cette bague, vous n'aurez qu'à la mettre quand vous voudrez revenir. Adieu, la Belle.»

En disant ces mots, la Bête crut *perdre la tête* tant la douleur de ne plus voir la Belle était forte.

perdre la tête
den Kopf verlieren

pleurer à chaudes larmes
heiße Tränen vergießen

31 **Deux amis sur un court de tennis**

Paul: Eh bien, en voilà un accueil! Tu fais *un visage long comme un jour sans pain*, tu as fait faillite?

Yves: Pas mieux! Tu sais que j'ai acheté un bel appartement avec vue sur la Tour Eiffel et sur tout le panorama de Paris.

Paul: Oui, la vue est superbe.

Yves: Eh bien, *je m'en mords les doigts*. Le terrain en face est constructible, ce que m'avait caché mon marchand de biens, et on va y construire un immeuble de 20 étages. Adieu la vue!

32 **La Belle et la Bête: Le plan des sœurs**

Quand la Belle se réveilla au matin, elle était chez son père.

Ses sœurs, en la revoyant, *firent un visage long comme un jour sans pain* et décidèrent de lui faire oublier sa promesse de retourner auprès du monstre pour qu'il se fâche et la dévore. Elles lui dirent qu'*elles se mordaient les doigts* de l'avoir jalousée et lui firent mille cajoleries.

La Belle crut à leur mensonge et, pleurant de bonheur, décida de rester plus longtemps que prévu auprès de sa famille.

Au bout de deux semaines, elle fut prise par le remords en pensant à la Bête qui l'attendait. Elle mit alors la bague à son doigt et alla dormir.

faire un visage long comme un jour sans pain
ein Gesicht wie drei Tage Regenwetter machen

s'en mordre les doigts
etwas schwer bereuen
(Finger)

Pendant le jogging

33

Max: On s'arrête un peu, je n'en peux plus, je suis *à bout de souffle*.

Tina: Oui, marchons un peu. Regarde là-bas. C'est Christian Martin, tu le connais?

Max: Un peu. Je sais qu'il a adopté quatre enfants et qu'il s'occupe des sans-abris.

Tina: Oui, *il a le cœur sur la main*, c'est tellement rare de nos jours.

La Belle et la Bête: Retour au palais

34

Elle se réveilla dans le palais et chercha la Bête partout. Finalement, *à bout de souffle*, elle la trouva étendue sans connaissance. Elle l'a crut morte. Elle se mit à pleurer et supplia la Bête de ne pas mourir.

«Ma chère Bête, je croyais n'avoir que de l'amitié pour vous, mais la douleur que je ressens me fait voir que je ne pourrais vivre sans vous. Je vous en prie, devenez mon mari.»

A peine eut-elle prononcé ses mots qu'elle vit la Bête se transformer en un prince *plus beau que le jour** qui la remerciait d'avoir mis fin à son enchantement.

«Une méchante fée m'avait condamné à rester sous cette figure jusqu'à ce qu' une belle jeune femme, *ayant le cœur sur la main*, accepte de m'épouser.»

Le prince rentra dans son royaume et épousa la Belle. Ils vécurent ensemble fort longtemps dans un bonheur parfait.

à bout de souffle
außer Atem

avoir le cœur sur la main
sehr großzügig sein
(Herz, Hand)

VOCABULAIRE

19. Deux jeunes filles au bal

difficile
wählerisch, schwierig
sourire à qn
j-m zulächeln, j-m Blicke
zuwerfen
faire de l'œil à qn
j-m zuzwinkern
fendre
aufspalten, aufschlitzen

20. La Belle et la Bête: Le sacrifice de Belle

espoir (m)
Hoffnung
dévorer
verschlingen
mourir de chagrin (m)
sich zu Tode grämen
apprit; apprendre qc à qn
j-m etwas mitteilen
gentilhomme
Edelmann
mal (m)
Übel, Böse

21. Deux collègues au bureau, lundi matin

mal (m) de tête (f)
Kopfweh
parier
wetten
être prêt à aider
hilfsbereit sein
bruyant, e
laut, lärmend

22. La Belle et la Bête: Face au monstre

se rendre au château
sich zum Schloss begeben
avoir la chair (f) de poule
eine Gänsehaut bekommen

le lendemain
am nächsten Tag
laid, e
hässlich
se réjouir
sich freuen
gros, se
dick, geschwollen
le cœur gros
schweren Herzens
à peine (que …)
kaum
s'endormir profondément
in tiefen Schlaf verfallen
récompense (f)
Belohnung
consoler qn
j-n trösten
rêve (m)
Traum

23. Curieuse rencontre: Une dame raconte

curieuse rencontre
seltsame Begegnung
perché; être ~
(auf einem Ast) hocken
cerisier (m) en fleur
blühender Kirschbaum
singe (m)
Affe
s'élancer sur
sich stürzen auf
carreau (m)
Fensterscheibe
pompier (m); pompiers
Feuerwehrmann; Feuerwehr
échapper d'un zoo
aus einem Zoo ausbrechen
frayeur (f)
Schreck

24. La Belle et la Bête: Le miroir magique

pièce (f)
  Raum, Zimmer
magnifique
  prächtig
frapper
  schlagen; verwundern
souhaiter
  wünschen
soupirer
  seufzen
miroir (m)
  Spiegel
comme une âme en peine
  wie ein Häufchen Elend
perte (f)
  Verlust

25. Un clochard au restaurant

clochard (m)
  Penner, Obdachloser
à contre cœur
  wider Willen
craindre
  fürchten
craignant qu'il ne puisse pas payer
  befürchtend, dass er nicht zahlen
  könne (Subjonctif von pouvoir
  nach Gefühlsausdrücken)
généreux, se
  großzügig
pourboire (m)
  Trinkgeld
apparence (f); il ne faut pas se fier aux apparences
  Anschein; der Schein trügt
l'habit ne fait pas le moine
  Kleider machen noch lange
  keine Leute

26. La Belle et la Bête: Le souper

disparaître
  verschwinden
ne pas pouvoir s'empêcher de faire
  nicht umhinkönnen zu tun
mis, e; la table est ~
  der Tisch ist gedeckt
apparaître
  erscheinen
souper
  zu Abend essen
maîtresse (f)
  Herrin
ennuyer qn
  j-n langweilen
mentir
  lügen

27. Dans la salle de bains

rouge (m) à lèvres (f, pl)
  Lippenstift
se maquiller
  sich schminken

28. La Belle et la Bête: La demande en mariage

demande (f) en mariage (m)
  Heiratsantrag
manquer de mourir de frayeur (f)
  vor Schreck beinahe sterben
sautant au cou de qn
  j-m um den Hals fallen
ça m'a coupé la voix
  das hat mir die Stimme
  verschlagen
avoir l'air triste (m)
  traurig aussehen
consoler
  trösten

29. Perdu dans un grand magasin

accueil (m)
Empfang
vendeur, vendeuse
Verkäufer(in)
amener qn
j-n her-, mitbringen
nounours (m)
Teddybär
consoler
trösten

30. La Belle et la Bête: La promesse

être alité
bettlägerig sein
pâle comme la mort
leichenblass
promesse (f)
Versprechen
bague (f)
Ring
douleur (f)
Schmerz

31. Deux amis sur un court de tennis

en voilà un accueil!
das ist mir ein schöner Empfang!
faire faillite (f)
Pleite machen
avec vue (f) sur
mit Blick auf
superbe
prächtig, hervorragend
terrain (m), constructible
Bauland
immeuble (m)
Gebäude

32. La Belle et la Bête: Le plan de sœurs

dévorer
verschlingen
jalouser qn
auf j-n eifersüchtig sein, j-n beneiden
cajoleries (f, pl)
Schmeicheleien, Liebkosungen
mensonge (m)
Lüge
remords (m)
Gewissensbiss

33. Pendant le jogging

souffle (m)
Atem
s'occuper de
sich kümmern um
sans-abri (m)
Obdachloser

34. La Belle et la Bête: Retour au palais

se réveiller
aufwachen
étendue
ausgestreckt auf dem Boden liegend
connaissance (f)
Bewusstsein
ressentir
empfinden
plus beau que le jour
bildhübsch, wunderschön
enchantement (m)
Verzauberung
épouser qn
j-n heiraten
royaume (m)
Königreich

Vokabelhilfen
zu den Übungen

cœur; avoir du ~
  Mut haben
cœur; avoir le ~ gros
  traurig sein
concours (m)
  Wettbewerb
en italique
  kursiv
enrichissez votre français
  bereichern Sie Ihr Französisch
glace (f)
  Eis
intrus (m)
  Eindringling
manger à belles dents
  mit großem Appetit essen
manger comme un oiseau
  kaum seinen Teller berühren
manquer de souffle (m)
  außer Atem sein
ne pas faire de mal à une
mouche
  keiner Fliege etwas zuleide tun
péniblement
  mühsam

1. Testez votre français en cherchant l'intrus

Was passt nicht? Eine Variante gehört nicht in die Reihe.

1. Anne est gentille.
    a Elle a le *cœur gros*.
    b Elle a un *cœur d'or*.
    c Elle a *bon cœur*.
    d Elle a *du cœur*.

2. Paul est méchant envers Anne.
    a Il lui *brise le cœur*.
    b Il lui *crève le cœur*.
    c Il lui *réchauffe le cœur*.
    d Il lui *fend le cœur*.

3. Paul n'est pas très sportif ni très intelligent.
    a Anne a gagné un concours. *Paul en a eu le souffle coupé.*
    b Quand il monte l'escalier *il manque de souffle*.
    c Il *a le souffle court* parce qu'il est trop gros.
    d Aujourd'hui jour *il n'y a pas un souffle*.

4. Anne sait-elle faire la cuisine? Ça dépend; sa spécialité, c'est la tarte aux pommes.
    a Anne en *mange comme un oiseau*.
    b La mère de Paul en *mange du bout des dents*.
    c Son frère *mange à belles dents* toutes les tartes.
    d Paul *mange Anne des yeux*.

5. La sœur d'Anne aime les hommes.
    a Elle *saute* au *cou* de n'importe quel garçon.
    b Elle *se jette* au *cou* de son professeur.
    c Elle *se pend* toujours *au cou* de Paul.
    d Elle est capable de *couper le cou* à tous les mâles.

2. Remplacez les expressions en *italique* par un idiome

Tina et Anne à la discothèque:

1. Regarde ce type au bar, Tina. Tu as vu son regard? Froid comme de la glace. *Il me fait peur, ce type-là.*
2. Ecoute Anne, c'est un monsieur très bien. Je le connais. *Il te regarde sans arrêt. Tiens, il te sourit maintenant.*
3. Et ses mains. Tu as vus ses mains? Des mains d'orang-outan, de monstre. Il me fait peur, je crois que *je ne vais pas dormir cette nuit.*
4. Mais arrête , Anne. Il ne ferait pas de mal à une mouche. *Il est très gentil.*
5. En plus, il est millionnaire, c'est Monsieur Blauschwert. C'est une occasion à saisir, ma chérie! Si tu la laisses échapper *tu vas le regretter toute ta vie.*
6. Millionnaire, il est millionnaire? ... Oh, il s'est levé. *Restons calme!*
7. Il s'approche de nous, attends, je vais faire les présentations. Eh, tu m'écoutes, Anne? Pourquoi est-ce que tu *deviens toute rouge?*

3. Enrichissez votre français

Finden Sie den bildhaften Ausdruck mit etwa
der gleichen Bedeutung.

1. L'affaire est difficile, mais il ne faut pas *perdre la raison.*
2. Je ne peux pas voir de films d'horreur. J'en ai la chair de poule.
3. Son chat est mort. Elle *pleure à fendre l'âme.*
4. Ce garçon s'intéresse à toi. Il te fait *de l'œil.*
5. Pourquoi est-ce que tu fais *une tête d'enterrement.*

4. Quel est le bon idiome?

1. Un vieux clochard monte péniblement la côte. Il s'arrête souvent parce qu'il est essoufflé.
Il a ....

2. Il tombe, il est trop faible pour se relever. Marie arrive, l'homme lui fait tellement pitié qu' elle en a les larmes aux yeux. La vue du vieil homme lui............................... .

3. Elle l'aide à se relever et lui offre de l'accompagner. Merci, madame, dit le vieux. Vous êtes bien bonne, vous avez vraiment un... .

4. Marie invite le vieux clochard à la maison et lui prépare un bon dîner et le vieux mange de bon appétit. Marie est contente de le voir ....

5. Elle lui offre de rester pour la nuit et lui fait son lit dans la cuisine. «Madame, je suis vieux et je souffre d'insomnie. Je suis sûr de ne pas pouvoir dormir. Je ne vais pas
....»

6. «Je vais vous raconter l'histoire de ma vie,» continue le vieux. Marie, qui est fatiguée, préfèrerait se coucher, mais finalement elle accepte ....

7. Le vieux parle, Marie écoute. Il parle de sa jeunesse et de ses amours. Plus d'une fois Marie ....
jusqu'... .

8. Sa femme et sa fille sont mortes dans un terrible accident, qu'il décrit d'une manière si réaliste que Marie ne peut pas retenir ses larmes. Elle ....

9. Le vieux parle et parle, Marie est de plus en plus fatiguée et elle finit par s'endormir. Quand elle se réveille le lendemain elle n'en croit pas ses yeux. Elle reste ....
devant la table sur laquelle il y a des vieilles photos. Le vieux clochard s'étant lavé et rasé Marie s'aperçoit que c'est son oncle qu'elle croyait mort depuis longtemps.

5. Les mots croisés

Horizontalement

2 La Belle avait un cœur d' ...... **3** Elle hébergeait le vieux à
...... cœur **6** Le monstre lui a fait froid dans le .... **7** C'est la
mort dans ...... qu'il pense à son divorce. **8** Tu ne me mèneras
pas par le bout du .... **9** Elle a senti son sang se glacer dans
ses ...... quand elle a vu le monstre. **11** Il parlait à voix ......
14 Tu as les yeux plus ...... que le ventre. **17** Sa femme le trom-
pe. Ça lui fend le ...... (œ = oe). **18** Il faut mettre la ...... à la
pate. **19** Lisa ...... la tête à Paul.

Verticalement

1 Il n'en croyait pas ses ...... quand il a vu Anne en Porsche.
2 Après deux heures sous la pluie on était mouillés jusqu'aux
.... **4** Quand elle a vu sa photo elle a rougi jusqu'aux ....
5 Du calme! Ne perdez pas la .... **6** Le chien mangeait mon
steak à belles .... **10** Ne te fais pas de mauvais **11**
Elle regardait sa photo ...... bée. **12** L'enfant pleurait à chaudes .... **13** Son mari lui obéissait au doigt et à l' ...... (œ =
oe). **14** Le cœur ...... La Belle suivait son père au château. **15**
Tu vas t'en mordre les ...... si tu laisses échapper cette occasion.
16 Lis cet article, Paul, ça va te donner du cœur au ....

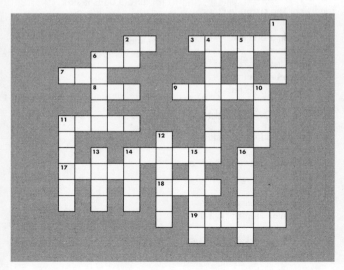

Le cou, le souffle, la voix – Hals, Atem, Stimme

sauter / se jeter au cou de qn
j-m um den Hals fallen
couper le cou à qn
j-m die Kehle durchschneiden
ça m'a coupé la voix
das hat mir die Stimme verschlagen
avoir le souffle court
kurzatmig sein
manquer de souffle
nicht genügend Luft bekommen
avoir le souffle coupé
der Atem stockt einem
être à bout de souffle
außer Atem

Le cœur et l'âme – Herz und Seele

être comme une âme en peine
todtraurig, tief betrübt sein
le cœur gros
schweren Herzens
fendre, briser, crever le cœur à qn
j-m das Herz brechen
à contre cœur
wider Willen
avoir un cœur d'or
ein Herz aus Gold haben

Le visage – Das Gesicht

faire un visage long comme un jour sans pain
ein Gesicht wie drei Tage Regenwetter machen
bouche bée
sprachlos vor Staunen sein
ne pas pouvoir fermer l'œil de la nuit
die ganze Nacht kein Auge zutun

faire les yeux doux à qn
j-m schöne Augen machen
pleurer à chaudes larmes
heiße Tränen vergießen
rougir jusqu'aux oreilles
bis über beide Ohren rot werden
être pâle comme la mort
leichenblass sein
perdre la tête
den Kopf verlieren

Manger – Essen

manger à belles dents
mit gesundem Appetit essen
manger du bout des dents
ohne Appetit essen
il ne te mangera pas
er wird dich schon nicht fressen
manger qn des yeux
j-n mit den Augen verschlingen

Divers – Verschiedenes

avoir la chair (f) de poule
eine Gänsehaut bekommen
faire froid dans le dos
j-m einen kalten Schauer über den Rücken jagen
s'en mordre les doigts
etwas bereuen

1 Vincent Benoît: Patron d'un restaurant franchisé

Vincent Benoît a pris la décision de changer de vie. *Frisant la quarantaine*, il a voulu changer d'horizon et de métier. Il a décidé de devenir son propre patron sans trop prendre de risque. En discutant avec un ami, il a appris que les restaurants franchisés *avaient la cote* auprès des jeunes entrepreneurs. Alors il a posé sa candidature et grâce à un très bon CV (curriculum vitae) de cadre supérieur, il a été accepté. Au début, il a fait tous les boulots dans le restaurant, à la cuisine et dans la salle, sans être payé. Il a même dû investir une grosse somme d'argent, mais aujourd'hui, il rêve de prendre en charge un deuxième et pourquoi pas un troisième restaurant.

2 Luc se présente

Je m'appelle Luc Dumas, je suis célibataire et encore jeune: *je frise la quarantaine*. J'ai une bonne tête, mais *je n'ai pas la cote* auprès des femmes, peut-être parce que je suis timide. *Je suis d'un gauche à faire peur**. Et le pire, c'est que je m'en rends compte.
Chaque fois que je tombe sur une fille qui me plaît, je fais tout rater au bout d'une demi-heure. Je ne peux plus ni penser, ni parler et je la regarde d'un air si bête qu'elle me prend pour un demeuré.

friser la quarantaine
auf die vierzig zugehen

avoir la cote
beliebt, gut angeschrieben sein

Laurent Moza: Disc Jockey

3 Laurent est un homme heureux. Il exerce son métier et gagne sa vie en écoutant et en passant la musique qu'il aime. Chaque soir, il fait danser des centaines de jeunes sur des rythmes qu'il crée. Il mixe, sort un disque de sa pochette, le met sur la platine et puis en prend un autre et ainsi de suite.

«Autrefois, quand j'étais enfant, j'étais *un vrai boute-en-train* dans les soirées, mais maintenant je suis tout puissant sur les jeunes qui entrent en transe grâce à ma musique. A l'occasion même, *ils rencontrent l'âme sœur* sur la piste de danse. *Qui se ressemble, s'assemble**,» dit-il avec un petit sourire ironique.

Projets de vacances

4 Cette année, pour les grandes vacances, c'est décidé: je vais tout faire pour *rencontrer l'âme sœur*. Je me suis inscrit au Club Alpin et je vais passer une semaine en montagne avec un groupe de randonneurs.

Je ne pars pas seul, mon cousin Frédéric, *un vrai boute-en-train*, lui, m'accompagne. A deux, c'est plus facile de faire connaissance.

Pour l'occasion, je me suis offert tout l'équipement du parfait montagnard: un sac à dos, des chaussures de marche, un bel anorak, trois pulls en laine, un bonnet et des gants.

un boute-en-train
eine Stimmungskanone

rencontrer l'âme sœur
eine verwandte Seele treffen

176

5 François et Monique: Des travailleurs acharnés

Chez François et Monique Lantier, on travaille sans arrêt. François travaille toute la journée en usine et le soir il fait des petits boulots: réparations, travaux de jardin … Monique, elle, travaille de nuit à l'hôpital. La journée, elle s'occupe d'une dame âgée. «Mais l'argent ne suffit jamais. Je passe mon temps à compter et jamais je n'arrive à *joindre les deux bouts**,» dit Monique.

Chez les Lantier, *on ne roule pas sur l'or*, il est vrai, mais les enfants ne manquent de rien. *Ils coûtent les yeux de la tête** à leurs parents qui leur achètent des chaussures à la mode ou les jeux vidéo *dernier cri**. Pourtant, même s'ils gagnent peu, les Lantier ne sont pas *criblés de dettes*.

«*On se serre la ceinture**, raconte François, nous n'allons jamais au cinéma, ni au restaurant. Nous n'avons encore jamais pris de vacances. Notre seul plaisir, c'est la télé et nous jouons quelquefois au tiercé.»

Qui sait, un jour peut-être, ils gagneront le gros lot?

6 La marche à pied

Ça m'a coûté les yeux de la tête*, mais comme *je ne roule pas sur l'or* en ce moment et que *je suis criblé de dettes*, ça m'est égal. Un peu plus ou un peu moins, ça ne changera rien. Je ne suis pas très sportif et je n'aime pas tellement la montagne, mais je pense que faire de la marche à pied est à la portée de tout le monde.

Ce ne doit pas être bien sorcier*, puisque mon chef de bureau, Alfred Dubois, en fait avec sa femme et elle n'a rien d'une sportive, au contraire.

rouler sur l'or
im Geld schwimmen

être criblé de dettes
bis zum Hals in Schulden stecken

177

7 Barbara: Top model ou chanteuse?

Elle s'appelle Barbara, elle a quinze ans et elle va au lycée. Elle préfère l'espagnol à l'allemand et déteste les maths. Par contre, elle adore les stars.

«Mon acteur préféré, c'est Schwarzenegger. Il est beau, *fort comme un Turc* et il fait des films vraiment chouettes.»

Elle aimerait habiter à Hollywood et rouler en limousine. Sur les murs de sa chambre, il y a des photos de Madonna et de top models.

Le soir, elle va souvent au cinéma avec son copain Julien. Il est gentil et sympa.

«Le problème, c'est qu'*il fume comme un pompier* et que je n'aime pas ça,» dit-elle sérieusement.»

Plus tard, elle aimerait être top model ou chanteuse et habiter aux Etats-Unis. *Tout vient à point à qui sait attendre**!

8 Arrivée au chalet

Ça y est, nous y sommes. Nous sommes arrivés au chalet situé à 1500 mètres d'altitude, loin de toute civilisation.

Notre guide s'appelle Bruno. Il est jeune, bronzé, toujours souriant et semble *fort comme un Turc*. Nous sommes huit dans deux pièces: deux Anglaises, un Allemand qui *fume comme un pompier* (moi, j'ai arrêté la semaine dernière), une mamie sportive, Frédéric, moi, le guide et une femme seule qui s'appelle Isabelle. Elle vient pour se changer les idées parce que son mari l'a quittée pour sa secrétaire, d'après ce que j'ai pu comprendre.

être fort comme un Turc
bärenstark sein

fumer comme un pompier
wie ein Schlot rauchen

Philippe: Chauffeur routier

9

«Je suis routier,» raconte Philippe. «J'avale des millions de kilomètres par an. Je suis presque *24 heures sur 24* dans mon camion. *Je passe des nuits blanches* pour arriver à livrer ma marchandise à temps et je reste parfois plus d'une semaine sans revoir ma famille. Autrefois, les routiers étaient autonomes, mais maintenant nous sommes surveillés sans cesse. Et puis, la concurrence est énorme. Notre métier n'est plus intéressant, les jeunes s'en détournent et le salaire n'est pas élevé. Quand on dit ‹le temps, c'est de l'argent›: nous, nous n'avons ni temps, ni argent!»

Coup de foudre

10

Dès que je l'ai vue, *j'ai eu le coup de foudre**! Elle est jolie, souriante et ses yeux verts m'empêchent de dormir. Je passe mon temps à la *dévorer des yeux** et à la pensée que nous allons être ensemble presque *24 heures sur 24*, je *nage dans le bonheur**. Je ne lui ai pas encore tellement parlé, mais je sais que c'est elle, la femme de ma vie. Comment le lui dire? C'est mon problème. *J'ai passé une nuit blanche* hier à essayer de faire une déclaration d'amour, mais ce matin, je n'ai plus de courage. On verra plus tard, pendant une promenade.

24 heures sur 24
rund um die Uhr

passer une nuit blanche
eine schlaflose Nacht verbringen

!

11 Josette Desbois: La sommelière

Josette Desbois est sommelière. C'est un métier rare pour une femme. Elles ne sont que cinq pour cent dans cette profession. Elle a choisi ce métier par hasard au fil de ses études d'hôtellerie. Ses collègues sont quelquefois filles de viticulteurs ou femmes de restaurateurs. L'avantage de la sommelière par rapport au sommelier, c'est qu'*elle se met en quatre* aussi bien pour ses clients que pour ses clientes. Elle fait goûter ses grands crus aux femmes et s'intéresse à leur jugement. Ce qui n'est pas toujours le cas des sommeliers.

Elle reçoit aussi les vignerons et goûte leurs vins et s'ils osent *lui tourner autour*, elle sait les remettre à leur place.

12 Bonnes résolutions

Justement, ce matin la météo est parfaite. Soleil total. Bruno, notre sympathique guide, toujours souriant, nous a préparé une balade.

«Une petite balade pour grands débutants et débutantes,» a-t-il déclaré en *envoyant un regard de velours** en direction de mon Isabelle. *Il lui tourne autour* et cela ne semble pas lui déplaire. Et *moi qui me mets en quatre* pour attirer son attention et qui ne *récolte même pas un sourire**! Bon, il faut absolument que je lui parle aujourd'hui. Sinon je serai encore *le dindon de la farce**. Nous partons en direction du lac Vert. J'ai pris mon sac à dos, mis mes grosses chaussures et en avant pour la promenade.

Nous avons marché huit heures, j'avais des ampoules aux pieds, mais je les ai oubliées parce que j'ai marché à côté d'Isabelle. Elle m'a un peu parlé d'elle et de sa solitude. *J'étais aux anges**.

se mettre un quatre pour qn
sich für jemanden zerreißen

tourner autour d'une femme
einer Frau den Hof machen

13 Monsieur Leroux: Sénateur-Maire

Monsieur le maire de Beaulieu est aussi sénateur. *Fier comme Artaban*, cet homme de 55 ans, marié et père de quatre enfants, déclare:

«Il est naturel dans un pays centralisé comme la France de cumuler plusieurs mandats.»

Quand il monte les escaliers de sa mairie, *rouge comme une tomate* à cause de son embonpoint considérable, il explique: «Grâce à mon mandat de sénateur, je peux obtenir des travaux dans ma commune. J'aime beaucoup mon activité de sénateur, mais ce que je préfère, c'est mon mandat de maire. Je suis proche des gens, je peux les aider concrètement et quand je les rencontre dans la rue, nous discutons de tous les problèmes de la commune ensemble, et c'est ensemble que nous trouvons des solutions.»

14 Après l'effort, le réconfort

Nous sommes enfin arrivés près de ce lac. Nous étions très fatigués.

«Alors, ça vous plaît, la randonnée?» a demandé notre guide, *fier comme Artaban*, comme si c'était lui qui avait inventé la marche à pied.

«Ça monte un peu trop,» a dit une des Anglaises, *rouge comme une tomate* et qui n'en pouvait plus.

Nous étions si fatigués que nous avions du mal à manger nos sandwichs.

Après, il a fallu repartir. Bruno a fait lever tout son monde, mais je n'avais pas la force de *mettre un pied devant l'autre**.

«Allez, allez, un peu de courage, il faut se forcer pour arriver à quelque chose dans la vie!» m'a lancé Bruno.

fier comme Artaban
stolz wie ein Spanier

rouge comme une tomate
rot wie eine Tomate

181

15 Christine et Georges: Propriétaires de chambres d'hôtes

Leur histoire commence par *un coup de foudre**. Une semaine de vacances en Bretagne, des promenades dans l'arrière-pays, et au détour du chemin une vieille ferme au milieu d'un petit jardin plein d'hortensias. Le tout à vendre *pour une bouchée de pain**.

«*Nous n'avons fait ni une, ni deux*,» dit Christine B. «Nous avons vendu notre appartement en ville et nous avons acheté la vieille ferme. Les premiers mois, nous avons beaucoup travaillé pour la retaper. Nous avons décidé de louer la ferme en chambre d'hôtes. En été, tout était prêt. Les clients sont arrivés tellement nombreux qu'il fallait en refuser. Puis est venu l'hiver. Plus de clients et le silence s'est abattu sur la ferme. L'argent a commencé à manquer.»

«*C'était moins une …*,» ajoute Georges, son mari. «Nous avons failli divorcer tant *nous étions sur les nerfs**. Nous avons finalement revendu la ferme et acheté un appartement en ville.»

16 Coup de tête

C'est ce sourire qui m'a mis en colère. Je me suis levé d'un coup et j'ai commencé à râler. «Je n'ai pas besoin de tes conseils!» *J'en ai fait ni une, ni deux*, j'ai pris mon sac et je me suis mis à courir, sur le chemin. J'avais mal partout, mais ma fierté me conduisait.

J'avais déjà parcouru cinq cents mètres au pas de course quand tout à coup mon pied a glissé sur une pierre. J'ai perdu l'équilibre et ça a été la dégringolade. Au dernier moment, j'ai réussi à agripper un rocher. *Il était moins une*, j'avais failli tomber dans le vide.

ne faire ni une, ni deux
sich nicht lange besinnen

c'était moins une
das war fünf Minuten vor zwölf

183

17 Louis Legros: Médecin de campagne

«Je suis médecin de campagne. En général, je fais une centaine de kilomètres par jour pour aller voir mes malades qui habitent dans des fermes isolées. Ce sont des personnes âgées, seules, *qui ne savent souvent plus à quel saint se vouer* quand elles sont malades. Je leur apporte même leurs courses quelquefois, et pour ces gens-là, je suis le seul lien avec l'extérieur. *Elles ont une peur bleue* de la maison de retraite et préfèrent la solitude à ces endroits qui ne sont pas toujours très accueillants. Quand j'ai fini mes visites, je prends une demie heure pour manger et puis, j'ouvre mon cabinet pour les consultations. En général, je travaille jusqu'à 20 ou 21 heures. Je ne peux pas prendre beaucoup de congé, car je suis le seul médecin généraliste dans le village. Alors, pour me détendre, le dimanche je vais à la pêche.»

18 Sauvé in extremis

Ma position n'était pas confortable. J'étais en équilibre sur une grosse pierre et je glissais. *J'avais une peur bleue* de lâcher prise et me suis mis à hurler: «Au secours, venez me chercher!»
Personne ne m'entendait, ils étaient encore loin. Entre-temps, le ciel s'était couvert et le vent s'était levé. Il allait pleuvoir. *Je ne savais plus à quel saint me vouer.* Impossible de me hisser sur le chemin. Une première goutte est tombée et puis deux, et l'orage s'est déchaîné.
Soudain, j'ai entendu des voix, une main s'est tendue et on m'a hissé sur le chemin. *J'étais trempé jusqu'aux os*,* j'avais mal partout et j'étais honteux de ma conduite irréfléchie.

ne plus savoir à quel saint se vouer
nicht mehr ein noch aus wissen

avoir une peur bleue
eine Heidenangst haben

19 **Marguerite Loison: Antiquaire**

«Dans la famille, on est antiquaire de mère en fille. C'est mon arrière grand-mère qui a commencé en 1914. Elle partait le matin avec quelques objets récupérés chez des voisins ou connaissances et les vendait sur les marchés. Comme elle ne pouvait pas continuer comme ça jusqu'*à la Saint Glinglin*, son père lui a acheté une petite boutique. A la mort de ma grand-mère, ma mère *a repris le flambeau**.

Moi, j'ai commencé des études de médecine. Le jour où j'ai raté mon examen, *j'ai ri jaune* quand ma mère m'a dit: «Il y a toujours le magasin.»

Et maintenant, ça fait dix ans que je suis antiquaire dans la boutique de mon arrière grand-mère. Je suis heureuse de faire ce métier qui me permet de rencontrer des gens intéressants et de découvrir des objets insolites.

20 **Tout est bien qui finit bien**

Au chalet, *pâle comme la mort**, enroulé dans des couvertures, *je riais jaune* aux plaisanteries des autres. «Heureusement qu'Isabelle a voulu te rejoindre, sinon *tu aurais pris racine** là-haut! Si nous étions passés par l'autre chemin, tu aurais pu attendre jusqu'à *la Saint Glinglin.*»

«Excuse-nous,» m'a dit Isabelle. «Tu nous a fait une telle peur. C'est la réaction.» Elle m'a regardé tendrement, elle était belle et elle m'avait sauvé la vie! De deux choses l'une: ou je me taisais et tout était fini ou je lui déclarais mon amour. «Isabelle, je suis fou de toi!» ai-je lancé «Moi aussi, je t'aime,» a-t-elle dit en m'embrassant.

rire jaune
gezwungen lachen

à la Saint Glinglin
am / bis zum Sankt-Nimmerleins-Tag

VOCABULAIRE

1. Vincent Benoît: Patron d'un restaurant franchisé

franchisé; restaurant ~
Franchising; lizenziertes Restaurant

prendre une décision
eine Entscheidung treffen

changer de métier (m)
den Beruf wechseln

devenir son propre patron
sein eigener Herr werden

prendre des risques (m, pl)
Risiken eingehen

apprendre que
erfahren, dass

cote (f)
Bewertung, Kursnotierung

posé sa candidature
sich bewerben

grâce à
dank, auf Grund

CV (curriculum vitae)
Lebenslauf

cadre supérieur (m)
leitender Angestellter

boulot (m)
Job

dû
sollen, müssen
(Partizip Perfekt von devoir)

rêver
träumen

prendre en charge (f) qc
etw übernehmen

2. Luc se présente

célibataire (m)
Junggeselle

avoir une bonne tête
sympathisch aussehen

timide
schüchtern

être d'un gauche à faire peur
furchtbar ungeschickt sein

être d'une tarte à faire peur
furchtbar dämlich, lächerlich sein

le pire
das Schlimmste

se rendre compte de qc
sich einer Sache bewusst sein

tomber sur une fille
einem Mädchen begegnen

faire tout rater
alles verpatzen

au bout d'une demi-heure
nach einer halben Stunde

demeuré (m)
Schwachkopf, Depp

3. Laurent Moza: Disc Jockey

exercer son métier
seinen Beruf ausüben

passer de la musique
Platten, Musik auflegen

créér des rythmes
Rhythmen erzeugen

sortir un disque de sa pochette
eine Platte aus der Hülle nehmen

platine (f)
Plattenteller

et ainsi de suite
und so weiter

boutade (f)
Einfall, Scherz

tout puissant
allmächtig

à l'occasion même
bei dieser Gelegenheit, dabei

qui se ressemble, s'assemble
Gleich und Gleich gesellt sich gern

4. Projets de vacances

s'inscrire à un club
einem Club beitreten

randonneur (m)
  Wanderer
faire connaissance (f)
  Bekanntschaft schließen
s'offrir qc
  sich etwas leisten
montagnard (m)
  Bergsteiger
chaussures (f) de marche (f)
  Wanderstiefel
laine (f)
  Wolle
bonnet (m)
  Mütze
gant (m)
  Handschuh

5. François et Monique: Des travailleurs acharnés

travailleur (m) acharné
  fanatischer Arbeiter
usine (f)
  Fabrik
petit boulot (m)
  Nebenjob
dame âgée
  alte Dame
suffire
  genügen, reichen
passer son temps à compter
  seine Zeit mit Zählen verbringen
bout (m)
  Ende
joindre les deux bouts
  (mit s-m Geld) gerade so auskommen, über die Runden kommen
or (m)
  Gold
coûter les yeux de la tête
  ein Vermögen kosten
jeu vidéo (m)
  Videospiel
dettes (f, pl)
  Schulden

se serrer la ceinture
  den Gürtel enger schnallen
jouer au tiercé
  im Pferdelotto spielen

6. La marche à pied

gagner le gros lot
  das große Los gewinnen
être à la portée de tout le monde
  jedermann möglich sein
ne pas être sorcier
  keine Hexerei, kein Kunststück
  sein

7. Barbara: Top model ou chanteuse?

préférer
  vorziehen
détester
  überhaupt nicht mögen
chouette
  toll
fumer
  rauchen
pompier (m)
  Feuerwehrmann
tout vient à point à qui sait
attendre
  mit Geduld und Spucke fängt
  man eine Mucke

8. Arrivée au chalet

situé à 1500 mètres d'altitude
  1500 Meter über dem Meer
  gelegen
loin
  weit weg
guide (m)
  Bergführer
bronzé, e
  braun gebrannt
souriant, e
  freundlich, vergnügt, heiter

VOCABULAIRE

mamie
Großmutter
se changer les idées (f, pl)
auf andere Gedanken kommen

9. Philippe: Chauffeur routier

routier (m)
Fernfahrer
avaler des kilomètres (m, pl)
Kilometer fressen (Vielfahrer sein)
camion (m)
Lastwagen
nuit (f)
Nacht
livrer sa marchandise
seine Waren ausliefern
à temps
rechtzeitig
parfois
manchmal
surveiller
überwachen
se détourner
sich abwenden
salaire (m)
Gehalt
ni ... ni
weder ... noch

10. Coup de foudre

avoir le coup de foudre pour
Feuer und Flamme sein für
souriant, e
freundlich, vergnügt, heiter
dévorer qn des yeux (m, pl)
j-n mit den Augen verschlingen
empêcher qn de dormir
j-m den Schlaf rauben
nager dans le bonheur
im siebten Himmel sein
essayer de faire qc
etw versuchen

déclaration (f) d'amour
Liebeserklärung

11. Josette Desbois: La sommelière

sommelier; sommelière
Weinkellner(in), Kellermeister(in)
pour cent
Prozent
choisir
wählen
par hasard
zufällig
au fil de ses études (f, pl)
im Verlauf ihres Studiums
viticulteur (m)
Weinbauer
restaurateur (m)
Gastronom
par rapport à
im Vergleich zu
goûter
(ver)kosten
grand cru (m)
Spitzenwein
jugement (m)
Urteil
oser
wagen, sich trauen
vigneron (m)
Winzer
remettre qn à sa place
j-n in die Schranken verweisen

12. Bonnes résolutions

météo (f)
Wetterbericht
balade (f)
Spaziergang, Wanderung
débutant (m)
Anfänger
envoyer un regard de velours
j-m einen zärtlichen Blick zuwerfen

en direction de qn
  in Richtung auf
déplaire à qn
  j-m missfallen
attirer l'attention de qn
  j-s Aufmerksamkeit wecken
récolter un sourire
  mit einem Lächeln belohnt werden
dindon (m)
  Einfallspinsel
être le dindon de la farce
  der Dumme sein, das Nachsehen
  haben
en avant
  auf geht's
ampoule (f)
  Blase
à côté de
  neben
solitude (f)
  Einsamkeit
randonnée (f)
  Wanderung
être aux anges (m, pl)
  im siebten Himmel sein

13. Monsieur Leroux: Sénateur-Maire

Monsieur le maire
  der Herr Bürgermeister
déclarer
  erklären, behaupten
cumuler des mandats
  Mandate, Ämter häufen
embonpoint (m)
  Leibesfülle
grâce à
  dank
obtenir
  erlangen, erhalten
être proche des gens
  den Menschen nahe sein
rencontrer qn dans la rue
  j-m auf der Straße begegnen

trouver des solutions
  Lösungen finden

14. Après l'effort, le réconfort

effort (m)
  Anstrengung
réconfort (m)
  Stärkung, Trost
lac (m)
  See
fatigué, e
  müde, erschöpft
marche (f) à pied
  Fußmarsch
monter trop
  zu steil sein
avoir du mal à faire
  Schwierigkeiten haben bei
lever
  aufstehen, hochheben
mettre un pied devant l'autre
  einen Fuß vor den anderen setzen
lancer qc à qn
  j-m etw zurufen

15. Christine et Georges: Propriétaires de chambres d'hôtes

chambre (f) d'hôtes
  Gästezimmer
coup (m) de foudre
  Liebe auf den ersten Blick
arrière-pays (m)
  Hinterland
au détour du chemin
  hinter einer Wegbiegung
ferme (f)
  Bauernhof
hortensia (m)
  Hortensie
bouchée (f) de pain
  ein Happen Brot

acheter / vendre pour une
bouchée de pain
  für ein Butterbrot kaufen /
  verkaufen
retaper
  wieder herrichten
louer
  vermieten; mieten
refuser qn
  j-n abweisen
hiver (m)
  Winter
le silence s'est abattu sur la ferme
  Stille legte sich über den Hof
lourd, e
  schwer, drückend
divorcer
  sich scheiden lassen
être sur les nerfs (m, pl)
  völlig genervt sein

16. Coup de tête

coup de tête
  Kurzschlusshandlung
mettre en colère
  in Wut bringen
râler
  brüllen
fous-moi la paix
  lass mich in Frieden
conseil (m)
  Rat
fierté (f)
  Stolz
conduire qn
  j-n leiten, führen
au pas de course
  im Laufschritt
glisser
  ausrutschen
faillir tomber
  beinahe fallen, stürzen

17. Louis Legros: Médecin de campagne

médecin (m) de campagne
  Landarzt
courses (f, pl)
  Einkäufe
lien (m)
  Verbindung
maison (f) de retraite
  Altersheim
accueillant, e
  gastfreundlich
consultation (f)
  hier: Sprechstunde
congé (m)
  Urlaub
médecin (m) généraliste
  praktischer Arzt
se détendre
  sich entspannen
pêche (f)
  Fischen

18. Sauvé in extremis

sauver
  retten
in extremis
  in höchster Not
équilibre (m)
  Gleichgewicht
lâcher prise (f)
  loslassen
hurler
  schreien, brüllen
entre-temps
  inzwischen
le vent s'était levé
  ein Wind war aufgekommen
se hisser sur
  sich hochziehen auf
orage (m)
  Gewitter
déchaîner
  entfesseln, ausbrechen

trempé jusqu'aux os
nass bis auf die Haut
honteux, se
beschämt
conduite (f) irréfléchie
unüberlegtes Verhalten

19. Marguerite Loison: Antiquaire

arrière grand-mère
Urgroßmutter
récupérer
auftreiben, aufgabeln
connaissances (f, pl)
Bekannte(r)
reprendre le flambeau
diè Fackel aufnehmen, das
Geschäft weiterführen
rater son examen (m)
durch die Prüfung fallen
objet (m) insolite
ungewöhnlich

20. Tout est bien qui finit bien

pâle comme la mort
leichenblass
prendre racine (f)
Wurzeln schlagen
lancer un regard noir
einen finsteren Blick zuwerfen
arrêter net
hier: zum Schweigen bringen
se taire
schweigen, nichts sagen
parvenir à faire
gelingen, etw zu tun
à temps
rechtzeitig

Vokabelhilfen zu den Übungen

lancer des regards (m, pl) à qn
j-m Blicke zuwerfen
récolter un sourire
ein Lächeln geschenkt
bekommen
intrus (m)
Eindringling
coup (m) de tête
unüberlegte Handlung
velours (m)
Samt
pompier (m)
Feuerwehrmann
compte (m)
Rechnung
nourrir
ernähren
coûter une fortune
ein Vermögen kosten
rendre l'argent (m)
das Geld zurückzahlen
faire la cour
den Hof machen
troisième âge (m)
Seniorenalter
tomber amoureux de
sich verlieben
adresser un sourire
zulächeln

1. Exercices divers

A. Question de couleurs – Blau, weiß, rot, gelb und schwarz

Trouvé dans une lettre de Luc Dumas à sa mère:

1. Je passe des nuits .... à cause d'Isabelle.
2. Quand je la vois je deviens .... comme une tomate
3. Bruno, notre guide, lui fait aussi la cour. J'ai une peur
   .... de perdre Isabelle.
4. Quand Bruno me voit il me sourit toujours un peu
   ....
5. Et moi, je réagis en lui lançant des regards ....

B. Un peu de maths – Setzen Sie die Zahlen ein

1. Le troisième âge commence à soixante ans et la mère de
   Luc frise déjà la ....
2. Elle n'est pas riche, mais elle arrive à joindre les
   .... bouts.
3. Luc pense à Isabelle nuit et jour, ... heures sur ....
4. Il se met en .... pour récolter
   un sourire d'Isabelle
5. Un jour Luc a pris une décision énergique. – Il n'a fait ni
   ...., ni ....,
   il a demandé à Bruno de s'en aller.

C. Cherchez l'intrus

Welcher Ausdruck hat nichts mit Glücksgefühlen zu tun?

1. être aux anges 2. être fier comme Artaban 3. être au
   septième ciel 4. nager dans le bonheur

D. L'embarras du choix – Die Qual der Wahl

Le Club Méditerranée cherche un animateur.
Qui est le bon candidat?

Le candidat **A** est fort comme un Turc.
Le candidat **B** est le dindon de la farce.
Le candidat **C** est un boute-en-train.

2. Quelle est la bonne réponse

1. Moi, Luc Dumas, je suis tombé amoureux d'Isabelle.
    a C'était un coup de tête.
    b C'était le coup de foudre.
    c C'était un boute-en-train.

2. Isabelle, a 38, 39 ans.
    a Elle a plus de trente ans.
    b Elle frise la vingtaine.
    c Elle frise la quarantaine.

3. Hier, au petit déjeuner, Isabelle m'a envoyé un regard de velours.
    a J'étais aux anges.
    b Je volais dans le bonheur.
    c J'étais au huitième ciel.

4. Pour plaire à Isabelle
    a je joindrais les deux bouts.
    b je me mettrais en quatre.
    c je ne ferais ni une, ni deux.

5. Quand elle m'adresse un sourire
    a je nage dans le bonheur.
    b je fume comme un pompier.
    c je roule sur l'or.

6. Mon problème: Bruno, notre guide, tourne autour d'Isabelle et cela ne semble pas lui déplaire.
    a Il lui sourit toujours jaune.
    b Il se serre toujours la ceinture.
    c Il lui envoie toujours des regards de velours.

7. Demain je vais résoudre ce problème.
    a Je vais me serrer la ceinture.
    b Je vais le remettre à sa place.
    c Je vais fumer comme un pompier.

3. Les bons comptes font les bons amis

Louis a des problèmes d'argent. Il va voir son ami Jean pour lui demander 6000 francs. Employez des idiomes pour compléter les réponses de Jean.

Louis:

Tu pourrais m'aider, Jean? Tu sais que je ne suis pas riche.

Jean:

Oui, mais moi, je ne .... pas sur .... non plus.

Je dois travailler 24 heures sur 24 pour nourrir ma famille.

Tu n'es pas le seul à se .... en .... pour gagner sa vie.

A la fin du mois il me manque l'argent pour acheter à manger.

Aujourd'hui tout le monde a du mal à .... les deux ....

On ne mange que du pain et on ne boit que de l'eau.

Chez nous aussi, on est obligé de se .... la ....

Et les enfants, ils me coûtent une fortune.

Tu connais ma fille. Elle me coûte les .... de la ....

En plus, j'ai beaucoup de dettes.

Moi aussi, je suis .... de dettes.

Tu ne pourrais pas me prêter 6000 francs, s'il te plaît? Je te rendrai l'argent dans trois semaines.

Non, mon ami. Tout le monde sait qu'avec toi, il faut attendre la .... pour être payé.

4. Les Carrés Magiques

Welcher Buchstabe gehört zu welcher Zahl? Reihen und
Spalten addieren sich zur magischen Zahl 15.

Luc tourne la page

a Luc est fier comme ....

b Enfin il a rencontré .... sœur.

c Il ne va plus jamais être le .... de la farce.

d Luc n'attendra pas à la saint- ....
pour épouser Isabelle.

e Bientôt il va avoir la .... auprès de ses amis.

f Autrefois, Luc était d'un .... à faire peur.

g Et il va a reprendre le .... et devenir banquier
comme son père.

h Devenir banquier, ce ne doit pas être ....

i Luc en a .... de se mettre en quatre
pour récolter un sourire de son chef.

1. l'âme	2. flambeau	3. gauche
4. marre	5. cote	6. Artaban
7. glinglin	8. dindon	9. sorcier

a =	b =	c =
d =	e =	f =
g =	h =	i =

195

Les couleurs – Farben

passer une nuit blanche
eine schlaflose Nacht verbringen
avoir une peur bleue
eine Heidenangst haben
rire / sourire jaune
gezwungen lachen / lächeln
rouge comme une tomate
rot wie eine Tomate
avoir le feu aux joues
krebsrot sein
lancer un regard noir en direction de qn
j-m einen finsteren Blick zuwerfen

Les chiffres – Zahlen

c'était moins une
das war fünf Minuten vor zwölf
ne faire ni une, ni deux
sich nicht lange besinnen
joindre les deux bouts
(mit s-m Geld) gerade so auskommen, über die Runden kommen
se mettre en quatre pour qn
sich für jemanden zerreißen
24 heures sur 24
rund um die Uhr
friser la quarantaine
auf die vierzig zugehen

L'argent – Geld

coûter les yeux de la tête
eine Vermögen kosten
rouler sur l'or
im Geld schwimmen
être criblé de dettes
bis zum Hals in Schulden stecken
se serrer la ceinture
den Gürtel enger schnallen
attendre la saint-glinglin pour être payé
am Sankt-Nimmerleins-Tag bezahlt werden

ne plus savoir à quel saint se vouer
nicht mehr ein noch aus wissen

Caractère et tempérament – Charakter und Temperament

être un boute-en-train
eine Stimmungskanone
être fort comme un Turc
bärenstark sein
être fier comme Artaban
stolz wie ein Spanier
être d'un gauche à faire peur
furchtbar ungeschickt sein
être le dindon de la farce
der Dumme sein; das Nachsehen haben
fumer comme un pompier
wie ein Schlot rauchen

Affaires de cœur – Herzens-angelegenheiten

rencontrer l'âme sœur
eine verwandte Seele treffen
tourner autour d'une femme
einer Frau den Hof machen
avoir le coup de foudre pour
Feuer und Flamme sein für
envoyer un regard de velours en direction de qn
j-m einen zärtlichen Blick zuwerfen
récolter un sourire
mit einem Lächeln belohnt werden
avoir la cote auprès de qn
bei j-m beliebt sein
qui se ressemble, s'assemble
Gleich und Gleich gesellt sich gern
nager dans le bonheur
im siebten Himmel sein
être au septième ciel
im siebten Himmel sein

être aux anges
  im siebten Himmel sein
remettre qn à sa place
  j-n in die Schranken verweisen
tout vient à point à qui sait attendre
  mit Geduld und Spucke fängt
  man eine Mucke

Divers – Verschiedenes

avaler des kilomètres
  Kilometer fressen
  (Vielfahrer sein)
ne pas être sorcier
  keine Hexerei, kein Kunststück
  sein
acheter pour une bouchée de pain
  für ein Butterbrot, für 'n Appel
  und 'n Ei kaufen
être sur les nerfs
  völlig genervt sein
coup de tête
  Kurzschlusshandlung
avoir ras-le-bol de
  die Schnauze voll haben von
en avoir marre de
  die Nase voll haben von
j'ai cru ma dernière heure arrivée
  ich glaubte, meine letztes
  Stündlein hätte geschlagen
trempé jusqu'aux os
  nass bis auf die Haut
reprendre le flambeau
  die Fackel aufnehmen, das
  Geschäft weiterführen
prendre racine
  Wurzeln schlagen

1

1. Qu'elle est la meilleure réponse?
1 a – **2** d – **3** a – **4** b – **5** a – **6** c

2. La philosophie de Léon
1. Comme beaucoup de musiciens Léon ne vit pas comme un coq en ~~panade.~~ pâte **2.** Jouer du saxophone dans le métro n'est pas ce qui met du beurre dans les ~~petits pains.~~ épinards **3.** Léon croyait que la musique était du tout cuit. Mais à l'âge de 19 ans il est dans la ~~pâte~~ panade. **4.** A la fin du mois il n'a plus ~~de pommes.~~ un radis **5.** Souvent il a tellement faim qu'il tombe dans les ~~radis.~~ pommes **6.** Son oncle lui disait toujours: Avec ta musique tu vas bientôt pédaler dans la ~~pilule.~~ choucroute **7.** Cet oncle a un magasin d'antiquités et ses meubles se vendent comme des ~~épinards.~~ petits pains **8.** Léon est prêt à avaler la ~~choucroute~~ pilule et à devenir vendeur de meubles dans le magasin de son oncle.

3. Léon – dans la cuisine des idiomes
A. Passende Begriffe: **1.** Un jour, Léon découvre que son oncle Paul est membre de la mafia. Il a fait venir Léon pour tirer les <u>marrons</u> du <u>feu</u>. **2.** Ma philosophie, lui explique l'oncle Paul, c'est qu'on ne peut pas faire <u>d'omelette</u> sans <u>casser</u> les <u>œufs</u>. **3.** Mon 'business' c'est du tout <u>cuit</u> parce que la mafia a graissé la patte aux agents de police du quartier. **4.** Tu ne connais pas New York, ses coutumes et mes affaires, alors n'y mets pas ton <u>grain de sel</u>. **5.** En plus, ça ne serait pas malin d' en faire tout un <u>plat</u>. On ne plaisante pas avec la mafia. **6.** Alors Léon fait ce que son oncle Paul lui demande parce que celui-ci est violent et que Léon ne veut pas jeter de <u>l'huile</u> sur le <u>feu</u>. **7.** Il avale la <u>pilule</u>.
B. Pour être vraiment sûr: **1.** Il faut toujours que tu mettes ton grain de *sel*. Du musst auch immer deinen *Senf* dazutun.
2. N'en fais pas tout un *plat*! Mach nicht so *einen Aufstand*.

198

3. Il avait du mal à avaler la *pilule*. Es fiel ihm schwer, die *Kröte* zu schlucken. **4.** Les antiquités, c'est du tout *cuit*. Mit Antiquitäten kann nichts *schief gehen*.

4. Cherchez l'intrus
1. Welcher Ausdruck bedeutet nicht «reich sein»? **d**
2. Welcher Ausdruck bedeutet nicht «jetzt ist alles aus; umsonst; vergeblich»? **b**

5. Le vrai visage de Paul:
1 a – 2 i - 3 f – 4 e – 5 b – 6 g – 7 d – 8 j
– 9 h – 10 c

6. Quelques idomes de plus. Devinez – Intelligentes Raten
a devenir rouge comme une *tomate,* **4.** knallrot werden – **b** les *carottes* sont cuites, **6.** alles ist im Eimer – **c** raconter des *salades,* **5.** Ammenmärchen erzählen – **d** quand le *vin* est tiré, il faut le boire, **9.** wer A sagt, muss auch B sagen – **e** retourner qn comme une *crêpe,* **7.** j-n vollkommen umstimmen – **f** faire une *boulette,* **2.** e-n Bock schießen – **g** cela ne met pas de *beurre* dans les épinards, **8.** das macht den Kohl nicht fett – **h** tirer les *marrons* du feu, **1.** die Kastanien aus dem Feuer holen – **i** en avoir gros sur la *patate,* **3.** niedergeschlagen sein

7. Cherchez l'intrus
Welcher Ausdruck passt nicht in die Geschichte? **d.**

8. Les Carrés Magiques
a = 8 – **b** = 1 – **c** = 6 – **d** = 3 – **e** = 5 – **f** = 7 – **g** = 4 – **h** = 9 – **i** = 2

2

1. Quelle est la meilleure réponse
1 a – 2 c – 3 a – 4 a – 5 a – 6 c

2. Avis de recherche

1. Popol a _mis les bouts_ le premier avril. **2.** Popol est _maigre comme un clou_. **3.** Il est toujours _tiré à quatre épingles._ **4.** Il a un petit _filet de voix._ **5.** Parfois il _a la gorge serrée,_ mais **6.** c'est un vrai _moulin à paroles._ **7.** Popol devient dangereux quand on le _met hors de ses gonds._

3. La jeunesse de Popol

1. A la maison, le petit Popol était souvent insupportable: _Il était un moulin à paroles._ **2.** C'est pourquoi son père,... _sortait souvent de ses gonds._ **3.** Sa mère ... savait _lui river son clou._ **4.** _il vivait toujours aux crochets_ de ses parents. **5.** Popol essayait toujours de _lui mettre des batons dans les roues._ **6.** Un jour le père _a mis le couteau sous la gorge_ de son fils: «Ou bien tu cesses _de vivre à nos crochets_ ou bien ...» **7.** Alors Popol ... _a coupé les ponts_ avec ses parents ...

4. Des idiomes en prime: Popol et ses complices

1 d – 2 c – 3 b – 4 e – 5 a

5. Traduisez

1. Louis était _la cinquième roue du carosse._ **2.** Le plan d'Yves _ne valait pas un clou._ **3.** La police avait _tendu un piège à Popol._ **4.** Mais Popol avait _éventé la mèche._ **5.** Il a _tiré son épingle du jeu._

6. Les mots croisés

Horizontalement: 3 paroles – **6** épingles – **9** moulin – **10** river – **12** – clou – **17** Tuerangel – **20** hallebardes – **21** ponts – **22** éventer

Verticalement: 1 filet – **2** Kehle **4** roue – **5** vaut – **6** épingle– **7** Nadel – **8** serrè – **9** mèche **11** vent – **12** couteau **13** pédales **14** Bruecke – **15** bâtons – **16** bout – **18** gonds – **19** loupe

3

1. Quelles sont les bonnes réponses
1 a – **2** c – **3** d – **4** c – **5** a – **6** b, c, d

2. Corrigez les erreurs
1. Depuis quelques jours je ne me sens pas dans *mon assiette*. **2.** J' en ai ras le *bol* de ses enfants. **3.** Ouf! L'affaire est dans *le sac*. **4.** Tu es insupportable quand tu as un verre dans *le nez*. **5.** Tu es optimiste. Tu bâtis des *châteaux* en *Espagne*. **6.** Furieux, il a *sauté au plafond* et m'a dit de *débarrasser le plancher*.

3. Complétez
1. Un jour Manu *a fait* la manche devant Notre Dame. **2.** Il était *tout* feu *tout* flamme parce que tout le monde donnait. **3.** Mais le concierge est arrivé; il était *aimable* comme une porte de *prison*. **4.** Quand Manu lui a demandé un peu d'argent il a *sauté* au plafond. **5.** Nous n'avons pas d'argent à *jeter* par les fenêtres, a-t-il crié. **6.** J'en ai *ras* le *bol* des gens comme toi. **7.** Les SFD, ce n'est pas ma *tasse* de *thé*, a-t-il hurlé. **8.** *Débarrasse*-moi le *plancher*! **9.** Et il a *claqué* la porte au *nez* de Manu, et a appelé le curé. **10.** Alors Manu a *pris* la poudre *d'escampette*.

4. Dites-le en employant des façons de parler
1. Nous étions déjà certains que *l'affaire était dans le sac*. **2.** Et nous avons espéré reprendre enfin un peu du *poil de la bête*. **3.** Bon, on s'est trompés. C'était notre dernière chance, messieurs, nous sommes *au bout du rouleau*. **4.** Nous avons *jeté l'argent* de nos clients par la fenêtre. **5.** On n'a même pas réussi à sauver *les meubles*. **6.** Il nous reste une solution, c'est de *prendre la poudre d'escampette*.

5. Les carrés maqiques
a = 2 – **b** = 9 – **c** = 4 – **d** = 7 – **e** = 5 – **f** = 3 – **g** = 6
h = 1 – **i** = 8

6. Classez l'allemand et le francais
a **12** – b **3** – c **5** – d **7** – e **11** – f **4** – g **8** – h **9** – i **2** – j **10** – k **6** – l **1**

1. Trouvez la meilleure solution
1 b – 2 a – 3 a – 4 c – 5 c – 6 d

2. Corrigez les erreurs!
1. Comme vous savez, Yves s'est donné *un mal de chien* pour écrire un roman. **2.** Il pense que son roman aura un *succès bœuf*. **3.** *«Quand le vin est tiré, il faut le boire,»* lui dit Yvette. «Tu as écrit un roman, alors il faut le publier.» **4.** Il trouve un éditeur, M. Morel, qui est prêt à le *prendre sous son aile*. **5.** Mais cet éditeur a un *caractère de cochon*. **6.** Il veut acheter le roman pour *une bouchée de pain,*bien sûr. **7.** Il dit à Yves que ce roman *ne casse pas trois pattes à un canard*. **8.** «Pour moi, publier ce roman c'est *faire le grand saut,»* lui dit-il **9.** Yvette pense que M. Morel n'est pas honnête. Elle pense qu'*il y a anguille sous roche*. **10.** Yvette dit à Yves que M. Morel veut *le plumer* et qu'il sera le *dindon de la farce*. **11.** En fait, parmi les écrivains M. Morel est *connu comme le loup blanc*.

3. Deux contrôles valent mieux qu'un
1. Yves, sera-t-il le *dindon* de la *farce*? **2.** Quand *le vin* est tiré, il faut le *boire*. **3.** M. Morel le *prend* sous son *aile*. **4.** M. Morel veut acheter son roman pour une *bouchée* de *pain*. **5.** Le roman ne casse pas trois *pattes* à un *canard*. **6.** M. Morel est connu comme le *loup blanc*.

4. Des façons de parler en prime
1. wie Hund und Katze sein, miteinander leben **2.** die Dinge beim Namen nennen **3.** ein komischer Vogel / Kauz **4.** einen Bärenhunger haben **5.** überheblich sein; sich aufregen **6.** sich in die Höhle des Löwen wagen / begeben **7.** auf eigenen Füßen stehen

5. Dites-le avec des idiomes

1. Il fait *un temps à ne pas mettre un chien dehors.* **2.** Je suis *trempé comme un canard.* **3.** Je serai malade *comme un chien* **4.** J'ai *une faim de loup.* **5.** Je suis reçu *comme un chien dans un jeu de quille.* **6.** Il y a *anguille sous roche* **7.** Suis-je *le dindon de la farce?*

6. Les Carrés Magiques

1. mange **2.** connu **3.** est **4.** été **5.** montée **6.** donné **7.** gardé **8.** eu / connu **9.** trempé

$a = 8 - b = 1 - c = 6 - d = 3 - e = 5 - f = 7 - g = 4 - h = 9$
$i = 2$

1. Quelle est la bonne réponse?
1 b – **2** a – **3** c – **4** a – **5** b – **6** a – **7** a

2. Remettez les expressions a leur place
1. Il est tout feu, tout ~~fumée.~~ flamme **2.** Tu portes de l'eau à la ~~mer.~~ rivière **3.** Pas de ~~flammes~~ fumée sans feu **4.** Après le sixième verre il est tombé dans les ~~roses.~~ pommes **5.** C'est une goutte d'eau dans la ~~rivière.~~ mer **6.** Je suis décidé à découvrir le pot aux ~~pommes.~~ roses **7.** Z. avait déjà pris la clé des ~~manches.~~ champs **8.** L'histoire de M., frère de Z. c'est une autre paire de ~~champ.~~ manche

3. Six idiomes en prime – Extra Idiome
1 e – **2** f – **3** b – **4** a – **5** d – **6** c

4. L'assassin n'est pas toujours le jardinier
1. Jean n'appartient pas à la *fine fleur de la société.*
2. Depuis une semaine il dort dans le jardin de Madame Joffre *à la belle étoile.* **3.** Dans sa situation, le salaire d'un jardinier n'est qu'une *goutte d'eau dans la mer.* **4.** Madame Joffre est vieille, mais elle *a bon pied, bon œil.* **5.** Elle

n'aime ni les banques ni les banquiers. «Ils croient que c'est eux qui *font la pluie et le beau temps* en France.» **6.** Jean *en a eu vent.* **7.** ... un plan qui va *tomber à l'eau.* **8.** ... une ombre se jette sur lui et *le passe à tabac.* **9.** Son sang *coule à flots.* **10.** Le lendemain le facteur trouve Jean devant la porte. La police *est dans le brouillard.*

5. Parfois le crime paie
1. Pierre qui, *n'est pas née de la dernière pluie,* veut devenir riche à tout prix. **2.** M. Leroc, *le porte aux nues.* **3.** Il y a quelque chose qui cloche. *C'est clair comme de l'eau de roche.* **4.** En contrôlant la comptabilité de la banque il *découvre le pot aux roses:* **5.** Il appelle la police, mais Pierre a déjà *pris la clé des champs.* **6.** *Pour mener* la police *sur une fausse piste,* il laisse un plan de Chicago sur la table de la cuisine et part pour Rome.

6. Les Carrés Magiques
$a = 6 - b = 7 - c = 2 - d = 1 - e = 5 - f = 9 - g = 8$
$- h = 3 - i = 4$

1. Quelle est la meilleure réponse?
1 a – **2** b – **3** c – **4** d – **5** a – **6** b

2. Deux langues – deux images
1. Bruno est un *gros bonnet politique* et moi, suis folle de lui. **2.** Maman disait que je *travaillais du chapeau.* **3.** J'aurais dû *rendre mon tablier* après notre première rencontre. **4.** Ce qui compte, c'est un mari loyal et non pas d'un *coureur de jupons.* **5.** Bruno, c'est le type qui *trouve toujours chaussure à son pied.* **6.** Je commence à en *avoir plein les bottes de* lui! Mais aurai-je la force de le laisser tomber?

3. C'est le petit détail qui compte.
1. Bruno m'a fait la *cour* depuis trois mois.   **2.** Mon problème c'est que Bruno *court les filles*.   **3.** Non, il n'est pas fidèle. C'est un *coureur de jupons*   **4.** J'en ai bavé des ronds de *chapeau* en essayant de le faire changer de comportement.   **5.** Mais on ne change pas le comportement d'une personne qui travaille *du chapeau*.   **6.** Un jour je vais *le chasser de ma vie*.

4. Intelligentes Raten – Chapeau et bonnet
1 d – **2** a – **3** c – **4** e – **5** f – **6** b

5. Les Carrés Magiques: Une affaire de cœur
a = 2 – **b** = 9 – **c** = 4 – **d** = 7 – **e** = 5 – **f** = 3 – **g** = 6 – **h** = 1 – **i** = 8

1. Quelle est la meilleure réponse?
1 a – **2** c – **3** b – **4** c – **5** a – **6** a

2. Six idomes de plus: Casse-tête!
1. cheveux   **2.** oreille   **3.** œil   **4.** nez   **5.** cou   **6.** bouche
Pour être vraiment sûr.
1. Er betreibt *Haarspalterei*.   **2.** Das geht ihm *zum einen Ohr hinein und zum anderen wieder hinaus*.   **3.** Er *wirft* Marie *Blicke zu*.   **4.** Er steckt seine *Nase überall hinein*.   **5.** Er steckt *bis zum Hals in Schulden*.   **6.** Er hebt *das für den Schluss auf*.

3. Les Carrés Magiques
a = 6 – **b** = 7 – **c** = 2 – **d** = 1 – **e** = 5 – **f** = 9 – **g** = 8   **h** = 3 – **i** = 4

4. Des façons de parler en prime – Extra Idioms
1 c – **2** a – **3** e – **4** b – **5** d

5. Remplacez les expressions standards par des expressions imagées

Anne: Non?! Mais *ça coûte les yeux de la tête.*

Bruno: Le propriétaire *y tenait comme à la prunelle de ses yeux. Il s'en est séparé la mort dans l'âme* ...

6. Complétez l'histoire

Yvonne: Mais peux-tu m'expliquer pourquoi tu t'es *sauvé à toutes jambes* de l'hôpital une minute avant ton opération?

Yves: L'infirmière disait tout le temps: «Ne *vous faites pas de mauvais sang!* Ce n'est qu'une simple opération de routine.»

Yvonne: Mais toutes les infirmières te parlent comme ça. Elle voulait *te donner du cœur au ventre.*

Yves: Tu ne comprends pas. Elle a parlé au chirurgien qui *avait les jambes en coton tant il avait bu.*

1. Testez votre sens de la langue et cherchez l'intrus

1 a – **2** c – **3** a – **4** d – **5** d

2. Remplacez les expressions en *italiques* par un idiome

1. Regarde ce type au bar, Tina. *Il me donne la chair de poule.* **2.** Ecoute Anne, c'est un monsieur très bien. Tiens, *il te fait les yeux doux.* **3.** Tu as vu ses mains. Des mains d'orang-outan, de monstre. *Je ne vais fermer l'œil de la nuit.* **4.** Mais arrête, Anne, Anne. *Il a un cœur d'or.* **5.** En plus, il est millionnaire. C'est une occasion à saisir, ma chérie! Si tu la laisses échapper *tu vas t'en mordre les doigts.* **6.** Ne *perdons pas la tête.* **7.** Pourquoi est-ce que tu *rougis jusqu'aux oreilles?*

3. Enrichissez votre français

1. Il ne faut pas *perdre la tête.* **2.** Ça me *donne la chair de poule. Ça me fait froid dans le dos.* **3.** Elle *pleure à chaudes* *larmes.* **4.** Il te fait *les yeux doux.* **5.** Tu fais *un visage long comme un jour sans pain.*

4. Quel est le bon idiome?
1. Il a *le souffle court.* **2.** La vue du vieil homme lui *fend le cœur.* **3.** Vous avez vraiment un *cœur d'or.* **4.** Marie est contente de le voir *manger à belles dents.* **5.** Je ne vais pas *fermer l'œil de la nuit.* **6.** Elle accepte à *contre cœur.* **7.** Plus d'une fois Marie *rougit* jusqu' *aux oreilles.* **8.** Elle *pleure à chaudes larmes.* **9.** Elle reste *bouche bée* devant la table sur laquelle il y a des vieilles photos.

5. Les mots croisés
Horizontalement: 2 or – **3** contre – **6** dos – **7** âme – **8** nez – **9** veines – **11** basse – **14** grands – **17** cœur – **18** main – **19** tourné

Verticalement: 1 yeux – **2** os – **4** oreilles – **5** tête – **6** dents – **10** sang – **11** bouche – **12** larmes – **13** oeil – **14** gros – **15** doigts – **16** ventre

1. Exercices divers
A. Question de couleurs – Blau, weiß, rot und gelb
1. blanches **2.** rouge **3.** bleue **4.** jaune **5.** noirs.

B. Un peu de maths – Setzen Sie die Zahlen ein.
1. *soixantaine.* **2.** *deux* **3.** *24* heures sur *24.* **4.** *quatre*
5. *une, deux*

C. Cherchez l'intrus: **2.**

D. L'embarras du choix – Die Qual der Wahl: **C**

2. Quelle est la bonne réponse
1 b – **2** b – **3** a – **4** b – **5** a – **6** c – **7** b

3. Les bons comtes font les bons amis

Qui, mais moi, je ne *roule* pas sur l'or non plus.

Tu n'es pas le seul à te *mettre* en *quatre* pour gagner sa vie.

Aujourd'hui tout le monde a du mal à *joindre* les deux *bouts*.

Chez nous aussi, on est obligé de se *serrer* la *ceinture*.

Tu connais ma fille. Elle me coûte les *yeux* de la *tête*.

Moi aussi, je suis *criblé* de dettes.

Non, mon ami. Tout le monde sait qu'avec toi, il faut attendre la *saint glinglin* pour être payé.

Les Carrés Magiques

a = 6 – **b** = 1 – **c** = 8 – **d** = 7 – **e** = 5 – **f** = 3 – **g** = 2 – **h** = 9 – **i** = 4

Über Menschen sprechen

Zwischenmenschliches

Über den Alltag sprechen

Wirtschaft und Gesellschaft

Das Leben nach der Arbeit

Wie man miteinander redet

Der (un)bewegte Mensch

Ort und Zeit

1. Die äußere Erscheinung
Gesamteindruck

souple comme une anguille
geschmeidig wie eine Katze

il est beau comme un astre
er ist schön wie ein junger Gott

beau comme un dieu
schön wie ein junger Gott

beau comme le jour
schön wie der junge Tag

fraîche comme une rose
taufrisch (Rose)

joli comme un cœur
bildhübsch

joli comme un amour
bildhübsch, allerliebst

elle est jolie à croquer
sie ist zum Auffressen hübsch

elle a du chien
sie ist ein steiler Zahn

haut comme une botte
ein Dreikäsehoch

il est haut comme trois pommes
er ist ein Dreikäsehoch

elle n'a plus que la peau et les os
sie ist nur noch Haut und Knochen

elle est maigre comme un clou
sie ist spindeldürr

elle est mince comme une feuille de papier à cigarettes
dünn wie ein Handtuch

elle est mince comme un fil
sie ist spindeldürr

trempé comme une soupe
pudelnass sein

se tenir raide comme la justice / comme un piquet
stocksteif sein; steif, als hätte man einen Spazierstock verschluckt

il roule les mécaniques
er kann vor Kraft nicht gehen

fort comme un bœuf
stark wie ein Bär

être fort comme un Turc
Bärenkräfte haben

avoir de la brioche
einen Bierbauch haben

il a des mains comme des battoirs
er hat Hände wie Klodeckel

laid comme un pou
hässlich wie die Nacht, potthässlich

ne pas payer de mine
nach nichts aussehen, heruntergekommen sein

on lui donnerait le bon Dieu sans confession
aussehen, als ob man kein Wässerchen trüben könnte

il est taillé à la hache
ein grober Klotz

Das Gesicht

blond comme les blés
strohblond

noir comme l'ébène
schwarz wie Ebenholz

devenir rouge jusqu'aux oreilles
rot werden bis hinter die Ohren

avoir le feu aux joues
feuerrot werden

pâle comme la mort
totenbleich, bleich wie ein Laken

rouge comme une pivoine
rot wie eine Tomate, puterrot

rouge comme une tomate
rot wie eine Tomate

blanc comme un linge
bleich wie ein Bettlaken

elle est pâle comme la mort
sie ist totenblass

bronzé comme un cachet d'aspirine
blass wie ein Engerling

tondu comme un œuf
kahl geschoren

être tout déplumé
  er hat eine Platte
avoir un œil au beurre noir
  ein blaues Auge /Veilchen
  haben
il a les oreilles en feuille de chou
  er hat große abstehende Ohren
avoir le nez en trompette
  eine Himmelfahrtsnase haben
se ressembler comme deux gouttes d'eau
  wie ein Ei dem andern ähneln
c'est son père craché
  dem Vater wie aus dem Gesicht
  geschnitten
ne pas sourciller
  keine Miene verziehen
avoir une tête à claques
  ein Ohrfeigengesicht haben
faire mine de rien
  eine Unschuldsmiene aufsetzen
ne pas sourciller
  keine Miene verziehen
faire triste figure
  ein langes Gesicht machen

Das Alter

être à l'âge ingrat
  in der Pubertät sein
friser la quarantaine
  Ende dreißig sein
être entre deux âges
  mittleren Alters sein
être d'âge mûr / d'âge avancé
  reifen Alters sein
paraître / porter son âge, accuser son âge
  sein Alter nicht verleugnen
  (können)
être dans la force de l'âge
  in der Vollkraft der Jahre stehen,
  im besten Alter sein
franchir / passer / le cap de la quarantaine
  die vierzig überschreiten

vieux comme le monde
  steinalt, uralt

Mit und ohne Kleidung

avoir l'air de sortir d'une boîte
  wie aus dem Ei gepellt
  aussehen
elle est propre comme un sou neuf
  sie ist eine blitzsaubere Person
tiré à quatre épingles
  wie aus dem Ei gepellt
se mettre sur son trente et un
  sich in Schale / Gala werfen
ça te va comme un gant
  es sitzt wie angegossen
être à poil
  im Adams- / Evakostüm
se mettre à poil
  sich nackt ausziehen
nu comme un vers
  splitterfasernackt

2. Temperament, innere Werte

Tugenden und Stärken

il tient de son père
  er gerät seinem Vater nach
il ne ferait pas de mal à une mouche
  er könnte keiner Fliege etw
  zuleide tun
être bon comme le pain
  herzensgut sein
une bonne pâte
  eine ehrliche Haut
franc comme l'or
  grundanständig
avoir un cœur d'or
  ein Herz aus Gold haben
généreux comme un prince
  äußerst großzügig
doux comme un agneau
  sanft wie ein Lamm

tranquille comme Baptiste
die Ruhe weghaben
sérieux comme un pape
todernst sein
un pince-sans-rire
er hat den Schalk im Nacken
avoir de l'esprit jusqu'au bout des doigts, des ongles
höchst, äußerst geistreich sein;
vor Geist sprühen
connaître toutes les ficelles
mit allen Wassern gewaschen
sein, ein alter Hase sein
il est calé
er ist versiert
rusé comme un renard
schlau wie ein Fuchs
chanter les louanges de qn
ein Loblied auf j-n singen
dépasser qn de cent coudées
j-m haushoch überlegen sein
avoir les pieds sur terre
mit beiden Füßen auf der Erde
stehen
valoir son pesant d'or
nicht mit Gold zu bezahlen
être malin comme un singe
es faustdick hinter den Ohren
haben
être connu comme le loup blanc
bekannt sein wie ein bunter Hund

Charakterfehler, Handicaps

il est sec comme un coup de trique
er ist kurz angebunden
gourmande comme une chatte
vernascht wie ein Kätzchen
faire la fine bouche
wählerisch sein
être tout sucre, tout miel
honigsüß sein, sich ein-
schmeicheln
capricieuse comme une chèvre
zickig sein

fier comme Artaban
stolz wie ein Spanier
un coureur de jupons
ein Schürzenjäger
une bonne poire
eine ehrliche Haut (aber etw ver-
trottelt)
un oiseau rare
ein Unikum
têtu comme une mule
störrisch wie ein Esel
fourrer son nez partout
seine Nase in alles stecken
se croire plus malin que les autres
das Gras wachsen hören
aimable comme une porte de prison
äußerst unliebenswürdig sein
courir les filles
Schürzenjäger sein
ne rien avoir dans le ventre
keinen Mumm in den Knochen
haben
ne pas avoir de plomb dans la cervelle / tête
leichtsinnig sein
un dragueur, il drague les filles
ein Aufreißer, Schürzenjäger
faire tapisserie
Mauerblümchen sein; sitzen bleiben
un pantouflard
ein Stubenhocker
il est soupe au lait
er geht leicht in die Luft
prendre la mouche
gleich böse werden, aufbrausen,
hochgehen
monter sur ses grands chevaux
aufbrausen; hochgehen
avoir les dents longues
geldgierig / ehrgeizig /
anspruchsvoll sein
un dur à cuire
in hartgesottener Bursche

être connu comme le loup blanc
bekannt sein wie ein bunter Hund

il est mauvais coucheur
mit ihm ist nicht gut Kirschen essen

une tête de lard
ein Dickschädel

un ours mal léché
ein Raubein

un pilier de bistrot
ein Schluckspecht

boire comme une éponge
saufen wie ein Bürstenbinder

fumer comme un pompier
qualmen wie ein Schlot

un faux jeton
ein falscher Fuffziger

avoir un caractère de cochon
ein schwieriger Mensch sein

un drôle de zèbre
ein komischer Kauz

il n'est pas à prendre avec des pincettes
mit ihm ist nicht gut Kirschen essen

ne pas valoir la corde pour le pendre
keinen Schuss Pulver wert sein

faire triste figure
eine klägliche Rolle spielen

c'est un passéiste
er ist ein ewig Gestriger

un drôle d'oiseau
ein komischer Vogel

il fait patte de velours
er ist ein Wolf im Schafspelz

être sale comme un peigne
dreckig wie ein Schwein

c'est un touche-à-tout
er ist ein Hansdampf in allen Gassen

avoir du culot
frech, unverschämt sein

monter comme une soupe au lait
an die Decke gehen, schnell aufbrausen

c'est une poule mouillée
er ist ein Hasenfuß

avoir la tête près du bonnet
ein Hitzkopf sein, schnell aufbrausen

Geistige und andere Defizite, Schattenseiten

peureux comme un lièvre
sie ist scheu wie ein Reh

vivre comme un ours
wie ein Einsiedler leben

il n'a pas inventé le fil à couper le beurre
er hat die Weisheit nicht mit Löffeln gegessen

il n'a pas inventé la poudre
er hat das Pulver nicht erfunden

il n'a jamais cassé trois pattes à un canard
er hat die Weisheit nicht mit Löffeln gegessen

avoir la tête dure
schwer von Begriff sein

il a la comprenette un peu dure
er hat eine lange Leitung

être bouché à l'émeri
ein Brett vor dem Kopf haben

il est bouché
er hat ein Brett vor dem Kopf

il a un petit vélo dans la tête
er ist als Kind zu heiß gebadet worden

con comme la lune
dumm wie die Nacht schwarz

bête comme ses pieds
dumm wie Bohnenstroh

il a une araignée dans le plafond
er hat einen Vogel

il lui manque une case
er hat nicht alle Tassen im Schrank

il perd la boule
  bei ihm ist eine Schraube locker
il a un grain
  bei ihm ist eine Schraube locker
il travaille du chapeau
  er hat 'nen Tick unterm Pony, er
  ist verrückt
il a le timbre fêlé
  bei ihm piept's wohl
avoir le cerveau fêlé
  einen Vogel haben
il est tapé
  er ist bekloppt
**il ne voit pas plus loin que le bout
de son nez**
  nicht weiter als seine Nasenspitze sehen
il fait patte de velours
  er ist ein Wolf im Schafspelz
sa mémoire est une passoire
  er hat ein Gedächtnis wie ein Sieb
sale comme un cochon / peigne
  vor Dreck starren, wie ein
  Schwein aussehen

3. Wie es einem geht
Bei bester Gesundheit

avoir bonne mine
  gut aussehen
avoir bon pied, bon œil
  rüstig, gut beieinander sein
se porter comme un charme
  bei bester Gesundheit sein
il a l'estomac bien accroché
  ihm wird nicht so schnell schlecht
**se trouver dans une situation
intéressante**
  in anderen Umständen sein
être arrivé au bout du tunnel
  über den Berg sein

Könnte besser gehen

avoir mauvaise mine
  schlecht aussehen
avoir des poches sous les yeux
  Ringe unter den Augen haben
j'ai des fourmis dans les jambes
  meine Beine sind mir einge-
  schlafen
j'ai mal au cœur
  mir ist übel (schlecht)
couver une maladie
  eine Krankheit ausbrüten
myope comme une taupe
  blind wie ein Maulwurf
sourd comme un pot
  stocktaub sein
**ne pas être / se sentir dans son
assiette**
  sich nicht wohl fühlen
rendu de fatigue
  zum Umfallen müde
la tête me tourne
  mir dreht sich alles im Kopf /
  mir ist schwindelig
tomber dans les pommes
  ohnmächtig werden, aus den
  Latschen kippen
avoir un chat dans la gorge
  einen Frosch im Hals haben
en voir trente-six chandelles
  j-m vergeht Hören und Sehen

Es geht bergab

**brûler la chandelle par les deux
bouts**
  mit seiner Gesundheit Raubbau
  treiben
j'ai été malade comme un chien
  mir war hundeelend
être cloué au lit
  ans Bett gefesselt sein
tomber dans les pommes
  ohnmächtig werden (umkippen)

tourner de l'œil
in Ohnmacht fallen; umfallen; umkippen

être au bout du rouleau
auf dem letzten Loch pfeifen

rendre l'âme
den Geist aufgeben

passer l'arme à gauche
den Löffel abgeben

mordre la poussière
ins Gras beißen

tomber les quatre fers en l'air
alle viere in die Luft strecken

casser sa pipe
den Löffel abgeben, abkratzen

bouffer les pissenlits par la racine
sich die Radieschen von unten angucken

attraper la crève
sich den Tod holen

se brûler la cervelle
sich eine Kugel durch den Kopf jagen

attenter à ses jours
Hand an sich legen

4. Was man fühlt

Freude

joyeux comme un pinson
kreuzfidel

être de bon poil
gut gelaunt, aufgekratzt sein

voir tout en rose
alles durch eine rosa Brille sehen

rire aux anges
vor sich hin lachen, strahlen

heureux comme un coq en pâte
glücklich wie ein Schneekönig

heureux comme un roi
glücklich wie ein Schneekönig

heureux comme un poisson dans l'eau
glücklich wie ein Fisch im Wasser

il nage dans la joie
er schwimmt im Glück

ne pas / plus se sentir de joie
vor Freude aus dem Häuschen sein

il est aux anges
er ist im siebten Himmel

être au septième ciel
sich wie im siebten Himmel fühlen

Lachen, Scherzen, Spotten

rire dans sa barbe
sich ins Fäustchen lachen

rire sous cape
sich ins Fäustchen lachen

rire aux anges
vor sich hin lachen, strahlen

c'était pour rire
das war nur Spaß

faire des gorges chaudes
über etw schadenfroh lachen / reden; sich offen über etw lustig machen

rigoler / rire comme une baleine
sich krank- / schieflachen

rire comme des fous
in irres Gelächter ausbrechen

se fendre la pipe / pêche
sich einen Ast lachen; wiehern vor Lachen

se tenir les côtes
sich den Bauch halten vor Lachen

rire aux éclats
schallend lachen

rire à gorge déployée
aus vollem Hals lachen

rire comme un bossu
sich schieflachen/ bucklig lachen

s'en payer une tranche
sich totlachen

il n'y a pas de quoi rire
da gibt es nichts zu lachen

faire les quatre cents coups
übermütige, tolle Streiche ver-
üben; sich austoben
être un boute-en-train
eine Stimmungskanone sein
se tenir les côtes
sich den Bauch halten vor
Lachen

Staunen

ne pas en croire ses yeux
seinen Augen nicht trauen
tomber des nues
aus allen Wolken fallen
ne pas en revenir
aus dem Staunen nicht herauskommen
il en a eu le souffle coupé
da blieb ihm die Luft, die Spucke
weg
rester bouche bée
Mund und Nase aufsperren
en être baba
baff sein
j'en ai les jambes coupées
das zieht mir die Schuhe aus
les bras m'en tombent
das haut mich aus dem Anzug
**ouvrir des yeux comme des so
coupes**
Bauklötze staunen
ouvrir la bouche comme un four
den Mund wie ein Scheunentor
aufreißen
ce n'est pas très catholique
das kommt mir spanisch vor

Ärger, Wut

son visage s'allonge
ein langes Gesicht machen
**faire un drôle de nez / une drôle
de tête**
ein langes Gesicht machen

c'est du propre (du joli)
das ist eine schöne Bescherung
cela me fait une belle jambe!
dafür kann ich mir nichts
kaufen / da stehe ich dumm da
froncer les sourcils
die Stirn runzeln
faire une tête d'enterrement
ein Gesicht machen wie drei
Tage Regenwetter
être de mauvais poil
schlecht gelaunt, grantig, unge-
nießbar sein
être d'une humeur de chien
eine Stinklaune haben
**donner libre cours à ses
sentiments / sa colère**
seinen Gefühlen / seinem Ärger
freien Lauf lassen
sortir de ses gonds
aus der Haut fahren
la moutarde lui monte au nez
ihm platzt der Kragen
se fâcher tout rouge
sich schwarz ärgern
se mettre en boule
sauer werden
avoir la tête près du bonnet
ein Hitzkopf sein, schnell aufbrausen

Angst und Sorgen

avoir le cœur qui bat
Herzklopfen haben
je n'ai pas le cœur à rire
mir ist nicht nach Lachen zumute
se dégonfler
die Muffen bekommen, kneifen
avoir les jambes en coton
weiche Knie haben
ne pas en mener large
sich in seiner Haut nicht wohl
fühlen; ängstlich, besorgt, klein-
laut sein

se faire de la bile
sich Sorgen machen

se faire du mauvais sang
sich Sorgen machen

se faire des cheveux (blancs)
sich graue Haare wachsen
lassen

se mettre martel en tête
sich graue Haare wachsen
lassen

avoir les jetons
Manschetten haben

avoir le trac
Lampenfieber haben

avoir la chair de poule
eine Gänsehaut bekommen

être sur des charbons ardents
auf glühenden Kohlen sitzen

serrer les fesses
Schiss haben

être dans tous ses états
außer sich sein

perdre la tête
den Kopf verlieren

perdre la boussole
den Kopf verlieren

perdre le nord
den Kopf verlieren

trembler comme une feuille
wie Espenlaub zittern

sentir son sang se glacer dans les veines
fühlen, wie einem das Blut in den
Adern gerinnt, kalt über den
Rücken laufen

cela me fait froid dans le dos
das läuft mir eiskalt über den
Rücken

être dans tous ses états
in heller Aufregung, ganz
aufgeregt, ganz aus dem
Häuschen sein

avoir la frousse
eine Heidenangst haben

avoir une peur bleue
eine Heidenangst haben

suer sang et eau
Blut und Wasser schwitzen

avoir des sueurs froides
Blut und Wasser schwitzen

être dans les transes
in tausend Ängsten schweben

avoir une peur bleue
eine Heidenangst haben

en voir trente-six chandelles
j-m vergeht Hören und Sehen

être sur des charbons ardents
wie auf glühenden Kohlen sitzen

avoir le cafard,
Trübsal blasen

avoir des idées noires
deprimiert sein

broyer du noir
Trübsal blasen

quelle mouche t'a piqué?
welche Laus ist dir über die
Leber gelaufen?

Trauer

prendre qc à cœur
sich etwas zu Herzen nehmen

avoir le cœur gros
wehmütig sein, schwer ums Herz
sein

cela me fend le cœur
das bricht mir das Herz

faire qc la mort dans l'âme
schweren Herzens tun

avoir la mort dans l'âme
tief betrübt, zu Tode betrübt,
todunglücklich sein

je n'ai pas avoir le cœur à le faire
ich bringe es nicht übers Herz,
es zu tun

faire une tête d'enterrement
eine Leichenbittermiene
aufsetzen

**faire un visage long comme un
jour sans pain**
   ein Gesicht machen wie drei
   Tage Regenwetter
malheureux comme les pierres
   todunglücklich
pleurer comme une Madeleine
   heulen wie ein Schlosshund
pleurer comme un veau
   heulen wie ein Schlosshund
verser des larmes de crocodile
   Krokodilstränen vergießen
triste comme un bonnet de nuit
   zu Tode betrübt
voir tout en noir
   alles durch eine schwarze Brille
   sehen
broyer du noir
   Trübsal blasen
mourir de honte
   sich in Grund und Boden schämen
prendre qc au tragique
   sich etwas zu Herzen nehmen

Ruhe und Gelassenheit

dormir sur ses deux oreilles
   ganz ohne Sorge, ganz beruhigt
   sein; sich in Sicherheit wiegen
cela me tire une épine du pied
   mir fällt ein Stein vom Herzen
se mettre à l'aise
   es sich bequem machen
être à son aise (à l'aise)
   sich wohl fühlen
de gaieté de cœur
   leichten Herzens
en père pénard
   in aller Seelenruhe

1. Zuneigung

rencontrer l'âme sœur
einer verwandte Seele begegnen

tourner autour d'une femme
einer Frau den Hof machen

faire la cour à une femme
einer Frau den Hof machen

rompre la glace
das Eis brechen

conter fleurette à qn
Süßholz mit j-m raspeln

faire de l'œil à qn
j-m Blicke zuwerfen

avoir l'œil sur qn
ein Auge haben auf jemanden

faire les yeux doux à qn
jemandem verliebte Augen
machen

avoir le béguin pour qn
einen Narren an jemandem
gefressen haben

raffoler de qn
einen Narren an jemandem
gefressen haben

attirer, prendre qn dans ses filets
j-n in seine Netze ziehen; j-n
umgarnen

trouver chaussure à son pied
jedes Töpfchen findet sein
Deckelchen

tourner la tête à qn
jemandem den Kopf verdrehen

être sous le charme de qn
j-s Charm erliegen

faire qc pour les beaux yeux de qn
um der schönen Augen willen
tun

sauter au cou de qn
j-m um den Hals fallen

se mettre en quatre pour qn
für j-n durchs Feuer gehen

avoir la cote auprès de qn
bei j-m gut angeschrieben sein

être dans les bonnes grâces de qn
in j-s Gunst stehen

être dans les petits papiers de qn
bei j-m einen Stein im Brett
haben

être la coqueluche des femmes
der Hahn im Korb / Liebling der
Frauen sein

faire grand cas de qn
große Stücke auf j-n halten

s'entendre comme les larrons en foire
wie Pech und Schwefel zusammenhalten

être unis comme les doigts de la main
ein Herz und eine Seele sein;
unzertrennlich sein

se serrer, se tenir les coudes
zusammenhalten

être de mèche avec qn
unter einer Decke stecken

aimer qn comme un frère
wie einen Bruder lieben

aimer comme un fou
einen Narren an j-m gefressen
haben

devoir une fière chandelle à qn
j-m zu großem Dank verpflichtet
sein; j-m viel, e-e ganze Menge
zu verdanken haben

avoir le coup de foudre
sich Hals über Kopf verlieben

être amoureux, euse / fou, folle
bis über die Ohren verliebt sein

être mordu
verknallt sein

j'irais te décrocher la lune
für dich hol ich die Sterne vom
Himmel

demander la main de qn
um die Hand anhalten

être aux petits soins pour qn
j-m jeden Wunsch von den
Augen ablesen

unis comme les doigts de la main
  ein Herz und eine Seele

2. Abneigung

avoir qn à l'œil
  j-n nicht aus den Augen lassen
il est ma bête noire
  ich kann ihn nicht ausstehen
voir qc d'un bon, mauvais œil
  etw gern, ungern sehen
ne pas être sur la même longueur d'onde
  nicht auf derselben Wellenlänge sein
avoir une dent contre qn
  etwas gegen jemanden haben
regarder qn de travers
  jemanden schief (scheel) ansehen
faire grise mine à qn
  jemanden böse ansehen
se mettre qn à dos
  j-n gegen sich aufbringen;
  sich j-n zum Feind machen
tourner le dos à qn
  j-m die kalte Schulter zeigen,
  links liegen lassen
se regarder en chiens de faïence
  sich feindselig anblicken
taper sur les nerfs de qn
  j-m auf die Nerven gehen
jeter / lancer un regard noir à qn
  j-m einen bösen Blick zuwerfen
le torchon brûle entre eux
  der Haussegen hängt schief
ne pas pouvoir le voir / le sentir
  j-n nicht riechen können
prendre qn en grippe
  Abneigung gegen j-n, etw
  fassen; j-n, etw nicht mehr ausstehen können
garder un chien de sa chienne à qn
  j-m etw heimzahlen
s'entendre comme chien et chat
  wie Hund und Katze sein

avoir qn dans le nez
  j-n nicht ausstehen, riechen können
fusiller qn du regard
  j-n mit Blicken erdolchen
va te faire cuire un œuf
  rutsch mir den Buckel runter
ça me soulève le cœur / tourne le cœur
  das dreht mir den Magen um
ça me donne mal au cœur
  davon wird mir übel
c'est ma bête noire
  er/ sie ist mir ein Dorn im Auge sein
ne pas être sur la même longueur d'onde
  nicht auf derselben Wellenlänge sein

3. Verhältnis zu Mitmenschen

Sich mit jemandem gut stellen

mettre / prendre des gants avec qn
  j-n mit Samt-, Glacéhandschu-
  hen anfassen; j-n wie ein rohes
  Ei behandeln
montrer / faire patte de velours
  Samtpfötchen machen; die Kral-
  len einziehen; katzenfreundlich
  sein
il tourne sans cesse autour de qn
  er scharwenzelt um j-n herum
lécher les bottes à quelqu'un
  Speichel lecken
prendre de la graine
  sich eine Scheibe abschneiden
ne pas toucher à un cheveu de qn
  j-m kein Haar krümmen
passer de la pommade à qn
  j-m Honig ums Maul schmieren

prendre des gants avec qn
j-n mit Samthandschuhen anfassen

se mettre au diapason de qn
sich auf j-n einstellen

obéir au doigt et à l'œil
aufs Wort gehorchen, parieren

prendre qn sous son aile
j-n unter seine Fittiche nehmen

prendre fait et cause pour qn
für j-n eine Lanze brechen

embobiner qn
um den Finger wickeln

mener par le bout du nez
um den (kleinen) Finger wickeln

manger dans la main de qn
j-m aus der Hand fressen

tirer qn d'affaire,
j-m aus der Patsche helfen

sortir qn d'un mauvais pas
j-m aus der Klemme helfen

se mettre en quatre pour qn, qc
sich für j-n, etw ins Zeug legen, sich für ihn zerreißen

Gespanntes Verhältnis

arriver comme un chien dans un jeu de quilles
als ungebetener Gast kommen

mener qn par le bout du nez
j-n herumkommandieren, gängeln

ne pas se laisser marcher sur les pieds
sich nicht auf der Nase herumtanzen lassen; nicht auf sich herumtrampeln lassen

faire marcher qn
j-n auf den Arm nehmen

avoir bon dos / avoir le dos large
einen breiten Rücken haben

être la tête de Turc
Zielscheibe des Spotts sein

se payer de la tête de qn
j-n zum Narren halten

mener qn en bateau
j-n an der Nase herumführen

tout seul comme un grand
mutterseelenallein sein

se faire tirer l'oreille
sich lange bitten lassen

coller qc à qn
j-m etw aufhalsen

rire jaune
gezwungen lachen

faire une queue de poisson à qn
j-n schneiden

mener qn á la baguette
j-n nach s-r Pfeife tanzen lassen

se suspendre / être pendu à ses basques
j-m auf der Pelle kleben

mettre les pieds dans le plat
ins Fettnäpfchen treten

ne pas se laisser faire
sich nichts gefallen lassen

faire une gaffe (gaffer)
aus der Rolle fallen (einen Schnitzer machen), ins Fettnäpfchen treten

laisser cuire quelqu'un dans son jus
j-n im eigenen Saft schmoren lassen

tenir la dragée haute à qn
j-m den Brotkorb höher hangen

servir de tête de Turc
Prügelknabe sein

être la bête noire
das schwarze Schaf sein

un ménage à trois
ein Dreiecksverhältnis

avoir sur les bras
auf dem Hals haben

monter sur ses grands chevaux
sich aufs hohe Ross setzen

tenir / laisser le bec dans l'eau à qn
j-n im Ungewissen / zappeln lassen

faire faux bond à qn
im Stich lassen, versetzen

fausser compagnie
sitzen lassen

poser un lapin à quelqu'un
j-n versetzen

mettre qn en boîte
j-n aufziehen, auf den Arm, auf
die Schippe nehmen

le torchon brûle
der Haussegen hängt schief

mettre les pieds dans le plat
ins Fettnäpfchen treten

marcher sur les plates-bandes de
j-m ins Gehege kommen

casser du sucre sur le dos de qn
j-n durch den Kakao ziehen

faire la tête
die beleidigte Leberwurst
spielen

**taper sur les nerfs / le système
de qn**
j-m auf die Nerven fallen

découvrir le pot au roses
j-m auf die Schliche kommen;
ein Geheimnis aufdecken

**faire qc dans, derrière le dos
de qn**
etw hinter j-s Rücken tun

donner du fil à retordre à qn
j-m viel zu schaffen machen; j-m
Kummer/ Sorgen machen

mettre qc sur le dos de qn
j-m etw in die Schuhe schieben

**verser / jeter / mettre de l'huile
sur le feu**
Öl ins Feuer gießen

déchirer qn à belles dents
kein gutes Haar an j-m lassen

**avoir un compte à régler avec
qn**
mit j-m ein Hühnchen zu rupfen
haben

marcher sur les pieds de qn
j-m auf die Hühneraugen treten

être le dindon de la farce
der Dumme, Geprellte, Gelack-
meierte sein; das Nachsehen
haben

vivre aux crochets de qn
j-n auf der Tasche liegen

casser les pieds à qn
j-m auf den Geist / auf den
Wecker gehen

**avoir la moutarde qui monte au
nez**
ärgerlich, ungehalten, gereizt
werden; der Zorn steigt hoch

**faire tourner quelqu'un en
bourrique**
auf die Palme bringen

faire sortir quelqu'un de ses gonds
auf die Palme bringen

se regarder en chiens de faïence
sich feindselig anblicken,
anstarren

**marcher sur les plates-bandes de
quelqu'un**
j-m ins Gehege kommen

il y a anguille sous roche
da steckt etwas dahinter

avoir maille à partir ave
Streit mit j-m haben; mit j-m ein
Hühnchen zu rupfen haben

**faire contre mauvaise fortune
bon cœur**
gute Miene zum bösen Spiel
machen

qu'il aille se faire voir ailleurs
er soll hingehen, wo der Pfeffer
wächst

faire chanter qn
j-n unter Druck setzen (erpressen)

avoir une prise de bec avec qn
mit j-m (heftig) aneinander geraten; sich mit j-m in die Haare
kriegen, in der Wolle haben

**tomber / donner dans le
panneau**
j-m ins Garn, auf den Leim gehen;
sich anführen, überlisten lassen

mettre qn au pied du mur
j-n in die Enge treiben

s'entendre comme chien et chat
wie Hund und Katze sein, miteinander leben

à la guerre comme à la guerre
sich nach der Decke strecken

je vais lui montrer de quel bois je me chauffe
der soll mich noch kennen lernen

rendre à qn la monnaie de sa pièce
j-m mit gleicher Münze heimzahlen

chercher une querelle d'Allemand
einen Streit vom Zaun brechen

mettre qn à la porte
j-m den Stuhl vor die Tür setzen

occupe-toi de tes oignons
kehre vor deiner eigenen Tür

laver son linge sale en public
seine schmutzige Wäsche (vor allen Leuten) waschen

c'est elle qui porte la culotte
sie hat die Hosen an

ne plus mettre les pieds chez lui
keinen Fuß mehr in sein Haus setzen

envoyer promener qn
j-m den Laufpass geben

claquer la porte au nez de qn
j-m die Tür vor der Nase zumachen, zuschlagen

faire mordre la poussière
j-m e-e Niederlage beibringen, j-n zur Strecke bringen

chasser qn de sa vie
j-n aus seinem Leben jagen

ne pas savoir par quel bout prendre qn
nicht wissen, wie man mit j-m umgehen soll

ce n'est pas tout rose pour elle
sie ist nicht auf Rosen gebettet

Mit harten Bandagen

laisser quelqu'un en carafe
jemanden im Stich / abblitzen lassen

faire un mauvais coup à qn
j-m übel mitspielen

je suis chocolat
ich bin angeschmiert

il m'a eu
er hat mich reingelegt

je me suis laissé pigeonner
ich bin in die Falle getappt

il m'a roulé
er hat mich reingelegt

dire ce qu'on a sur le cœur
sein Herz ausschütten

venir à bout de qn
mit j-m fertig werden

montrer de quel bois on se chauffe
zeigen, was eine Harke ist

faire marcher qn
j-n reinlegen, an der Nase herumführen, zum Narren halten

mener / conduire / faire marcher à la baguette
j-n unter der Fuchtel haben, nach seiner Pfeife tanzen lassen

donner à qn des noms d'oiseau
j-m Schimpfnamen geben

je lui garde un chien de ma chienne
das werde ich ihm heimzahlen; das soll er mir büßen

plumer quelqu'un
jemandem das Fell über die Ohren ziehen

en faire voir de toutes les couleurs à quelqu'un
j-m die Hölle heiß machen, viel Kummer bereiten

remuer le couteau dans la plaie
das Messer in der Wunde drehen

remuer le fer dans la plaie
das Messer in der Wunde drehen

engueuler qn comme du poisson pourri
  ihn zur Sau machen
traiter qn plus bas que terre
  jemanden wie den letzten Dreck behandeln
se débattre comme un beau diable
  sich mit Händen und Füßen wehren
administrer une volée de bois vert
  tüchtige, gehörige Tracht Prügel verpassen
en venir aux mains
  handgreiflich werden
chatouiller les côtes à quelqu'un
  j-m die Jacke voll hauen
abîmer le portrait à qn
  j-m die Fresse polieren
défoncer le portrait à qn
  j-m die Fresse polieren
passer qn à tabac
  j-n aufmischen, verprügeln
mettre le couteau sur / sous la gorge
  das Messer an die Kehle setzen
se battre comme des chiffonniers
  aufeinander eindreschen
battre qn comme plâtre
  j-n grün und blau schlagen
frapper comme un sourd
  blind drauf losschlagen
casser la gueule à qn
  j-n verprügeln, verdreschen, verhauen
casser la figure à qn
  j-n verprügeln, verdreschen, verhauen
faire de la chair à pâté de qn
  aus j-m Hackfleisch machen

Sich versöhnen

fermer les yeux (sur qc)
  beide Augen zudrücken (bei etw)
se mordre les doigts d'avoir fait qc
  etw bereuen; bereuen, etw getan zu haben
faire amende honorable
  Abbitte leisten
tirer au clair
  ins Reine bringen
passer l'éponge
  Schwamm drüber
faire table rase
  reinen Tisch machen
repartir à zéro
  von vorn anfangen
les bons comptes font les bons amis
  unter Freunden sollte man in Geldsachen genau sein
mettre les choses au point
  reinen Tisch machen

4. Kritik und Ablehnung

Positive Kritik

faire grand cas de qn
  große Stücke auf j-n halten
chanter les louanges de qn
  ein Loblied auf j-n singen
porter quelqu'un aux nues
  j-n über den grünen Klee loben
ne pas avoir son pareil
  nicht ihresgleichen, seinesgleichen haben
il n'est pas né de la dernière pluie
  er ist nicht von gestern
jouer (de la musique) comme un dieu
  spielen wie ein junger Gott
chanter comme un rossignol
  wie eine Nachtigall singen

tirer son chapeau à qn
seinen Hut vor j-m ziehen
chanter les louanges de qn
ein Loblied auf j-n singen

Negative Kritik

trouver à redire
etwas auszusetzen haben
chercher la petite bête
ein Haar in der Suppe finden; an
allem herummeckern, -mäkeln
dire pis que pendre de qn
kein gutes Haar an j-m lassen
recevoir son paquet
den Spiegel vorgehalten bekommen
mettre qn au pas
j-n zurechtweisen
se faire enguirlander
eine Zigarre verpasst kriegen
sermonner qn
eine Standpauke halten
en faire voir à qn
j-m die Hölle heiß machen
prendre qn à partie
sich j-n vorknöpfen
remettre qn à sa place
j-n in seine Schranken (ver)wei-
sen, zurechtweisen
laver la tête à qn
j-m die Leviten lesen / den Kopf
waschen
dire ses quatre vérités à qn
j-m seine Meinung sagen
dire son fait à qn
j-m seine Meinung sagen
il ne lui va pas à la cheville
er kann ihm nicht das Wasser
reichen
sonner les cloches à qn
j-m aufs Dach steigen; j-m den
Marsch blasen, zusammenstau-
chen
mettre qn plus bas que terre j-n
j-n schlechtmachen; kein gutes
Haar an j-m lassen

passer un savon qn
j-m den Kopf waschen / Zigarre
verpassen
**casser du sucre sur le dos de
quelqu'un**
j-n durchhecheln; durch den
Kakao ziehen
traîner qn dans la boue
j-n, in den Schmutz ziehen,
zerren
mettre le doigt sur la plaie
den Finger auf den wunden
Punkt legen
laissez-moi rire
dass ich nicht lache
ce n'est pas sorcier
das ist kein Kunststück
tu en fais de belles
du machst schöne Geschichten
il ne manquait plus que ça
das hat gerade noch gefehlt
les cheveux se dressent sur la tête
die Haare stehen einem zu
Berge
se foutre le doigt dans l'œil,
sich gewaltig irren
c'est pour des prunes
es ist alles für die Katz

1. Arbeitsmoral
Demotiviert sein

je m'en bats l'œil
das ist mir Wurst
je m'en moque / fiche comme de ma première chemise
das lässt mich (völlig) kalt, daraus mache ich mir gar nichts
se lever du pied gauche
mit dem linken Fuß zuerst aufstehen
prendre des airs de princesse outragée
die beleidigte Leberwurst spielen
faire la gueule
ein schiefes Gesicht machen, ziehen; eingeschnappt sein; maulen
il ne se foule pas la rate
er reißt sich kein Bein aus
(se) croiser les bras
Däumchen drehen
se tourner les pouces
die Daumen drehen
ne pas lever le petit doigt
keinen Finger rühren
paresseux comme un lézard
faul wie die Sünde
se la couler douce
eine ruhige Kugel schieben
faire la grasse matinée
bis in die Puppen schlafen
j'en ai par-dessus la tête
das hängt mir zum Hals heraus
se croiser les bras
die Hände in den Schoß legen
le cœur n'y est pas
mit dem Herzen nicht dabei sein
ça me chiffonne
das geht mir gegen den Strich
je m'en moque comme de l'an 40
das lässt mich (völlig) kalt, das ist mir piepegal

n'avoir de cœur à rien
zu nichts Lust haben
avoir qn / qc sur les bras
j-n / etw am Hals haben
cela me fait une belle jambe
damit kann ich keinen Blumenstrauß gewinnen
ne pas vouloir être dans la peau de qn
nicht in j-s Haut stecken wollen
faire contre mauvaise fortune bon cœur
gute Miene zum bösen Spiel machen
avoir le moral à zéro
null Bock haben, keine Lust haben
je m'en balance
ich pfeife darauf
j'en ai envie comme de me pendre
dazu habe ich Lust wie die Kuh zum Seiltanzen
sortir par les yeux
zum Hals heraushängen
en avoir par-dessus la tête
zum Hals heraushängen
en avoir plein les bottes
die Schnauze voll haben
en avoir sa claque
die Schnauze voll haben
en avoir plein le dos
die Nase voll haben
en avoir soupé de qc
es gründlich satt haben
en avoir marre de qc
die Nase voll haben von
en avoir ras le bol de qc
zum Hals heraushängen

Hoch motiviert sein

tenir à cœur
am Herzen liegen
mettre les bouchées doubles
Dampf dahinter machen, sich dranhalten

mettre qc sur pied
etwas auf die Beine stellen

ça donne du coeur au ventre
das macht Mut

mettre la main à la pâte
mit Hand anlegen

donner un coup de main à qn
j-m helfen / beispringen

avoir le cœur à l'ouvrage
mit Lust und Liebe bei der Sache
sein

prendre fait et cause pour qn
j-m die Stange halten; für j-n
eine Lanze brechen

être tout feu, tout flamme
Feuer und Flamme sein

aller jusqu'au bout
nicht aufgeben; nicht auf halbem
Wege stehen bleiben

être dévoué corps et âme
mit Leib und Seele dabei sein

faire de son mieux
sein Bestes tun

travailler d'arrache-pied
arbeiten wie ein Pferd

**prendre le taureau par les
cornes**
den Stier bei den Hörnern packen

mettre tout en œuvre
alle Hebel in Bewegung setzen

se donner un mal de chien
sich abrackern

donner un coup de collier
sich ins Zeug legen

se mettre en quatre
sich zerreißen, alles geben

Schwache Leistung

fermer les yeux sur qc / qn
ein Auge zudrücken

prendre à la légère
auf die leichte Schulter nehmen

aux innocents les mains pleines
die dümmsten Bauern haben die
dicksten Kartoffeln

cela n'est pas de son cru
das ist nicht auf seinem Mist
gewachsen

se tourner les pouces
Däumchen drehen

avoir d'autres chats à fouetter
Besseres zu tun haben

**aller son petit bonhomme de
chemin**
eine ruhige Kugel schieben

**renvoyer qc aux calandes
grècques**
etw auf die lange Bank schieben

il ne lui arrive pas à la cheville
er kann ihm das Wasser nicht
reichen

c'est bien fait pour lui
das geschieht ihm recht

il pédale dans la choucroute
nicht vorwärts kommen; sich
vergeblich abstrampeln

courir deux lièvres à la fois
zwei Dinge auf einmal betreiben; zwei Ziele auf einmal
verfolgen

être en perte de vitesse
ins Hintertreffen kommen / geraten

il pige que dalle
er versteht nur Bahnhof

perdre les pédales
ins Schwimmen kommen

perdre pied
den Boden unter den Füßen
verlieren

faire du surplace
wir treten auf der Stelle, machen
keine Fortschritte

perdre du terrain
Boden verlieren

s'y prendre comme une savate
sich tollpatschig anstellen; zwei
linke Hände haben

**ça ne casse pas trois pattes à un
canard**
e-e Meisterleistung ist das wirk-
lich nicht

avoir du (un) poil dans la main
die Arbeit nicht erfunden haben
un boulet qu'on traîne
ein Klotz am Bein
ne pas lever le petit doigt
keinen Finger rühren
mettre dans le même sac
über einen Kamm scheren
y perdre son latin
mit seinem Latein / seiner Weisheit am Ende sein
jeter le manche après la cognée
die Flinte ins Korn werfen
ne pas savoir par quel bout prendre qc
nicht wissen, wie man es anpacken, anfassen, angehen soll
enfermer le loup dans la bergerie
den Bock zum Gärtner machen
être la cinquième roue du chariot / carosse
das fünfte Rad am Wagen sein
mettre des bâtons dans les roues
einen Knüppel zwischen die Beine werfen
mettre la charrue devant les bœufs
das Pferd am Schwanz aufzäumen
ça ne vaut pas un clou
das taugt nichts; das ist keinen Pfifferling wert
cela ne met pas de beurre dans les épinards
das macht den Kohl nicht fett
travailler pour des prunes
die Mühe ist für die Katz
travailler pour le roi de Prusse
die Mühe ist für die Katz
paresseux comme une couleuvre
stinkfaul
tomber à l'eau
in die Binsen gehen
jeter le manche après la cognée
die Flinte ins Korn werfen

au-dessous de tout
unter aller Kanone
faire une boulette
einen Bock schießen
faire une bourde
einen Bock schießen
faire une gaffe
einen Bock schießen
arrête de ramer, on est sur le sable!
das hast du in den Sand gesetzt
être la lanterne rouge
das Schlusslicht sein
faire porter le chapeau à qn
j-m den schwarzen Peter zuschieben

Gute Leistung

travailler main dans la main
Hand in Hand arbeiten
mettre à l'épreuve
auf die Probe stellen
donner du fil à retordre
eine harte Nuss zu knacken geben
saisir l'occasion par les cheveux
die Gelegenheit beim Schopf packen
saisir la balle au bond
die Gelegenheit beim Schopf packen
sauter sur l'occasion
die Gelegenheit beim Schopf packen
prendre une question par le bon bout
ein Problem richtig anpacken
aller jusqu'au bout de qc
etw konsequent durchführen / -setzen
c'est un jeu d'enfant, ce n'est pas sorcier
das ist kinderleicht
saisir une occasion au vol
die Gelegenheit beim Schopf packen

en connaître un bout
etwas davon verstehen;
sich darin gut auskennen

rester dans le coup
am Ball bleiben

connaître qc sur le bout des doigts
etw in- und auswendig kennen

savoir sur le bout des doigts
aus dem Effeff kennen

gagner ses galons
sich die Sporen verdienen

agir la main dans la main
Hand in Hand arbeiten

mettre qc sur pied
etwas auf die Beine stellen

tenir les rênes
im Griff haben

ne pas savoir où donner de la tête
alle Hände voll zu tun haben,
nicht wissen, wo einem der Kopf
steht

rester dans le coup
am Ball bleiben

venir à bout de
zu Rande kommen mit

savoir y faire
den Bogen raushaben

mettre tout en œuvre
alle Hebel in Bewegung setzen

faire des pieds et des mains
alle Hebel in Bewegung setzen

gagner du terrain
an Boden gewinnen

mettre les bouchées doubles
doppelt so schnell arbeiten

savoir qc sur le bout des doigts
etw aus dem Effeff können

donner un (sérieux) coup de collier
sich (tüchtig) ins Zeug legen

bien mener sa barque
seine Sache mit Erfolg betreiben

faire d'une pierre deux coups
zwei Fliegen mit einer Klappe
schlagen

ça tombe au poil
das haut hin, das trifft sich gut

damer le pion à qn
j-m den Rang ablaufen

remporter la palme
das Rennen machen

mettre qn dans sa poche
j-n in die Tasche stecken

ne faire qu'une bouchée de qc
etwas spielend tun (schaffen)

tenir le coup
über die Runden kommen

2. Pech und Pannen

Probleme bekommen

il y a un os
das hat einen Haken

une chose à deux tranchants
eine zweischneidige Sache

ça cloche
da stimmt was nicht

des hauts et des bas
Höhen und Tiefen

être /se trouver / se retrouver assis entre deux chaises
zwischen zwei Stühlen sitzen

ne tenir plus qu'à un fil
am seidenen Faden hängen

tourner en rond
sich im Kreis drehen

se mettre une jolie affaire sur le dos
sich etwas einbrocken

une situation est en suspens
eine Situation ist in der Schwebe

finir en queue de poisson
im Sande verlaufen

être dans une mauvaise passe
in der Zwickmühle sein

jouer avec le feu
mit dem Feuer spielen

être en perte de vitesse
ins Hintertreffen kommen
cela a été un coup d'épée dans l'eau
das war ein Schlag ins Wasser
c'est un coup monté
das ist eine abgekartete Sache
perdre les pédales
ins Schwimmen kommen
se mettre dans de beaux draps
sich in die Nesseln setzen, in Teufels Küche kommen
être mal en point
übel dran sein
ne pas savoir sur quel pied danser
nicht aus noch ein wissen
il y a de l'eau dans le gaz (pop)
es gibt Zoff
être pris entre l'arbre et l'écorce,
zwischen zwei Fronten geraten
se trouver entre le marteau et l'enclume
zwischen Hammer und Amboss / zwischen zwei Fronten geraten
pour comble de malheur
zu allem Unglück
être en plein brouillard
vollkommen im Dunkeln tappen
se battre contre des moulins à vent
gegen Windmühlen kämpfen
être en perte de vitesse
sich auf dem absteigenden Ast befinden
faire fausse route
auf dem Holzweg sein
je ne sais plus où donner de la tête
ich weiß nicht, wo mir der Kopf steht
perdre la tête
den Kopf verlieren
tomber de Charybde en Scylla
vom Regen in die Traufe kommen

tomber à l'eau
ins Wasser fallen
se fourrer dans un guêpier
in ein Wespennest stechen
être sur des charbons ardents
auf (glühenden) Kohlen sitzen
être dans la panade
in der Tinte sitzen
être dans de beaux (jolis) draps
in der Patsche sitzen
être dans le pétrin
in der Klemme sitzen
être dans la mélasse
in der Klemme sitzen
c'est la galère
in der Tinte sitzen
être au bout du rouleau
auf dem letzten Loch pfeifen
ne plus savoir à quel saint se vouer
nicht mehr ein noch aus wissen
avoir brûlé ses dernières cartouches
sein Pulver verschossen haben
les carottes sont cuites
der Bart ist ab
perdre pied
den Boden unter den Füßen verlieren
risquer sa peau
Kopf und Kragen riskieren
tomber dans le panneau
(j-m) auf den Leim gehen
danser sur un volcan
wie auf einem Pulverfass sitzen
être au point mort
am toten Punkt angekommen sein
être mis au pied du mur
mit dem Rücken zur Wand stehen
ne plus en sortir
keinen Ausweg finden
être aux abois
in äußerster Bedrängnis sein; auf dem letzten Loch pfeifen

risquer sa peau
Kopf und Kragen riskieren
y laisser jusqu'à sa dernière chemise
sein letztes Hemd opfern

Probleme lösen

on n'est pas sorti de l'auberge
wir haben noch lange nicht alle Schwierigkeiten überwunde
prendre son courage à deux mains
sich ein Herz fassen
se creuser la tête
sich den Kopf zerbrechen
éventer la mèche
den Braten riechen
c'est là où le bât blesse
da drückt der Schuh
simple comme bonjour
kinderleicht
tirer son épingle du jeu
sich aus der Affäre ziehen
jouer des coudes
mit den Ellenbogen arbeiten / gebrauchen
mettre le holà
einen Riegel vorschieben
doubler le cap
die Hürde nehmen
employer les grands moyens
aufs Ganze gehen
sauver les meubles
retten, was zu retten ist
avaler la pilule
in den sauren Apfel beißen
sauter sur l'occasion
die Gelegenheit beim Schopf packen
décrocher la timbale
den Vogel abschießen
se tirer d'embarras
sich aus der Klemme ziehen

enlever / ôter / tirer à qn une épine du pied
j-m aus einer Notlage / Klemme / Patsche helfen
sortir qn d'un mauvais pas
jemanden aus der Patsche helfen
tirer les marrons du feu
die Kastanien aus dem Feuer holen
sauver les meubles
das Notwendigste retten
cahin-caha
mit Ach und Krach, recht und schlecht, mit Hängen und Würgen
tirer son épingle du jeu
sich aus der Affäre ziehen
finir / se terminer en queue de poisson
enttäuschend enden; ausgehen wie das Hornberger Schießen; im Sand verlaufen
se jeter dans la gueule du loup
sich in die Höhle des Löwen begeben
remporter la palme
das Rennen machen / gewinnen

Fehlschläge einstecken

serrer les dents
die Zähne zusammenbeißen
être payé pour le savoir
am eigenen Leib verspüren
rester sur l'estomac
im Magen liegen
prendre son parti des choses
sich mit etwas abfinden
se rendre à l'évidence
sich den Tatsachen beugen
un de perdu, dix retrouvés
das ist kein Verlust
avaler la pillule
in den sauren Apfel beißen

n'avoir qu'à bien se tenir
nichts zu lachen haben; gute
Miene zum bösen Spiel machen
faire la part du feu
etwas preisgeben, opfern, um
anderes zu retten
**avoir (bien) d'autres chats à
fouetter**
ganz andere Sorgen haben
l'échapper belle
mit dem Schrecken davon-
kommen
un coup d'épée dans l'eau
ein Schlag ins Wasser
se faire tort à soi-même
sich ins eigene Fleisch schneiden
filer doux
klein beigeben
tu peux faire une croix dessus
das siehst du nie wieder; das
kannst du abschreiben, in den
Kamin schreiben
avaler des couleuvres
Kröten schlucken
**avoir brûlé ses dernières
cartouches**
sein Pulver verschossen haben
le jeu n'en vaut pas la chandelle
das, es lohnt sich nicht; das ist
der / die Mühe nicht wert
cela ne sert à rien
das hat keinen Zweck
revenir (rentrer) bredouille
unverrichteter Dinge heimkehren
hurler avec les loups
mit den Wölfen heulen
cela m'a achevé
das hat mir den Rest gegeben
mordre la poussière
der Länge nach hinfallen; Niederlage / Schlappe erleiden
jeter par-dessus bord
über Bord werfen
tout va de travers
alles geht schief

c'est le bouquet
jetzt haben wir den Salat; das
fehlte noch
manquer / rater / louper le coche
die Gelegenheit verpassen
tomber à l'eau
in die Binsen gehen, ins Wasser
fallen
faire long feu
Schiffbruch erleiden, scheitern,
in die Brüche gehen
passer sous le nez
durch die Lappen gehen; vor der
Nase wegfahren
voué à l'échec
zum Scheitern verurteilt
mal tourner
schief gehen, ins Auge gehen
**scier la branche sur laquelle on
est assis**
den Ast absägen, auf dem man
sitzt
se faire échauder
sich die Finger verbrennen
les carottes sont cuites
alles ist im Eimer, der Bart ist ab
brûler ses vaisseaux
alle Brücken hinter sich
abbrechen
couper les ponts
alle Brücken hinter sich
abbrechen
partir de zéro
bei null anfangen
se casser la figure
reinfallen, hinfallen;
hinschlagen; stürzen
payer les pots cassés
die Zeche bezahlen
finir dans le ruisseau
unter die Räder kommen,
zugrunde gehen
il crie comme si on l'écorchait
er schreit wie am Spieß
pousser les hauts cris
Zeter und Mordio schreien

1. Über Geld sprechen

Geld haben

petit à petit l'oiseau fait son nid
Kleinvieh macht auch Mist

les petits ruisseaux font les grandes rivières
Kleinvieh macht auch Mist

garder une poire pour la soif
sich einen Notgroschen zurück-
legen, sein Geld auf die hohe
Kante legen

faire son beurre
Kohle machen

avoir du fric
Kies haben

avoir de l'oseille
Mäuse, Zaster, Moneten, Knete
haben

avoir des radis
Moos, Pulver, Zaster, haben

avoir des ronds
Kies, Zaster, Moneten, Knete
haben

riche come Crésus
reich wie Rockefeller/ ein Krösus

trouver une mine d'or
auf eine Goldgrube stoßen

mener la vie de château
leben wie Gott in Frankreich

mener une vie de château
leben wie Gott in Frankreich

rouler sur l'or
im Geld schwimmen

être cousu d'or
im Geld schwimmen

remuer l'or à la pelle
im Geld schwimmen

faire sa pelote
sein Schäfchen ins Trockene
bringen

faire son beurre
sein Schäfchen ins Trockene
bringen

faire fortune
sein Glück machen

Geld (nicht) ausgeben

sans bourse délier
ohne einen Pfennig auszugeben

faire des économies de bouts de chandelles
am falschen Ende sparen

brûler la chandelle par les deux bouts
aus dem Vollen leben, wirtschaf-
ten

il ne s'est pas fendu
er hat sich nicht (gerade) veraus-
gabt, in Unkosten gestürzt

se payer (s'offrir) qc
sich etwas leisten

se fendre de qc
etwas springen lassen

jeter l'argent par les fenêtres
Geld zum Fenster hinauswerfen

mener grand train
auf großem Fuß leben

vivre sur un grand pied
auf großem Fuß leben

tout mon argent y a passé
mein ganzes Geld ist dabei
draufgegangen

payer rubis sur l'ongle
auf Heller und Pfennig bezahlen

Kein Geld haben

avoir du mal à joindre les deux bouts
knapp über die Runden
kommen

être fauché
abgebrannt sein

vivre au jour le jour
von der Hand in den Mund leben

être endetté jusqu'au cou
bis über die Ohren in Schulden
stecken

serrer la ceinture (d'un cran)
 den Gürtel (um ein Loch) enger
 schnallen

il n'y a pas de quoi remplir une dent creuse
 da ist Schmalhans Küchen-
 meister

n'avoir rien à se mettre sous la dent
 nichts zu beißen haben

je ne ferai jamais fortune
 ich komme nie auf einen grünen
 Zweig

fauché (comme les blés)
 abgebrannt sein

un pauvre bougre
 ein armer Schlucker

n'avoir pas un radis
 keinen Pfennig haben

n'avoir pas un rond
 keinen Pfennig haben

faute de grives, on mange des merles
 in der Not frisst der Teufel
 Fliegen

bouffer des briques
 am Hungertuch nagen

manger de la vache enragée
 am Hungertuch nagen

tirer le diable par la queue
 in Geldverlegenheiten sein, am
 Hungertuch nagen

pauvre comme Job
 arm wie eine Kirchenmaus

pauvre comme un rat d'église
 arm wie eine Kirchenmaus

être criblé de dettes
 bis zum Hals in Schulden stecken

être endetté jusqu'au cou
 bis über die Ohren in Schulden
 stecken

les dettes font boule de neige
 die Schulden wachsen lawinen-
 artig an

faire le plongeon
 Pleite machen

être sur la paille
 am Bettelstab gehen

faire la manche
 betteln gehen

le plus riche en mourant n'emporte qu'un drap
 das letzte Hemd hat keine Tasche

être sur le pavé
 auf der Straße sitzen (liegen)

2. Die hohen Tiere

mener / conduire seul sa barque
 das Heft in der Hand halten

voler de ses propres ailes
 auf eigenen Füßen stehen

tirer les ficelles
 die Fäden in der Hand haben

avoir le bras long
 eine langen Arm haben

avoir les mains nettes
 eine weiße Weste haben

graisser la patte à qn
 j-n bestechen

prendre qn sous son aile
 jemanden unter seine Fittiche
 nehmen

rogner les ailes à qn
 j-m die Flügel stutzen

laver la tête à qn
 j-m die Leviten lesen

passer un savon à qn
 j-m den Kopf waschen

envoyer promener qn
 j-m den Laufpass geben

se reposer sur ses lauriers
 sich auf seinen Lorbeeren ausruhen

une grosse légume
 ein hohes Tier

un gros bonnet
 ein großes Tier

le haut du pavé
 die großen Tiere

les huiles
 die großen Tiere

faire la pluie et le beau temps
tonangebend sein, die erste Geige / den Herrgott spielen
le gratin de la société
die oberen zehntausend
la fine fleur de la société
die Creme der Gesellschaft

3. Der kleine Mann

avoir des comptes à rendre à qn
j-m Rechenschaft schuldig sein
être dans les petits papiers de qn
bei j-m einen Stein im Brett haben
être le bras droit du chef
die rechte Hand des Chefs sein
faire ses premières armes
seine ersten Sporen verdienen
gagner ses galons
sich die Sporen verdienen
faire qc de son propre chef
etw auf eigene Faust tun
se mettre en quatre pour qn
für j-n durchs Feuer gehen
tirer son chapeau à qn
vor j-m den Hut ziehen
retourner sa veste
sein Mäntelchen nach dem Wind hängen
mettre un employé au rancart
einen Angestellten zum alten Eisen werfen
mettre sur une voie de garage
auf ein Abstellgleis schieben
faire cavalier seul
aus der Reihe tanzen, einen Alleingang wagen
rendre son tablier à quelqu'un
seinen Hut nehmen
c'est peine perdue avec lui
bei ihm ist Hopfen und Malz verloren
avoir un boulet à traîner
einen Klotz am Bein haben

avoir la comprenette un peu dure
eine lange Leitung haben
être la cinquième roue du carrosse
das fünfte Rad am Wagen sein

4. Risiko eingehen

à ses risques et périls
auf eigene Gefahr
être en jeu
auf dem Spiel stehen
jouer avec le feu
mit dem Feuer spielen
jouer son va-tout
alles auf eine Karte setzen
faire cavalier seul
e-n Alleingang unternehmen, machen; auf eigene Faust handeln
faire qc de son propre chef
etw auf eigene Faust tun
s'embarquer dans une affaire
sich auf etwas einlassen
examiner qn sur / sous toutes les coutures
j-n auf Herz und Nieren prüfen
risquer le tout pour le tout
alles auf eine Karte setzen
employer les grands moyens
aufs Ganze gehen
être l' homme de paille de qn
j-s Strohmann sein
avoir un bon tuyau
einen heißen Tipp bekommen
agir à tête reposée
nicht voreilig handeln
garder une porte de sortie
sich ein Hintertürchen offen halten
être à côté de la plaque
auf dem falschen Dampfer sein, schief liegen
prendre sur soi
auf die eigene Kappe nehmen
acheter chat en poche
die Katze im Sack kaufen

donner carte blanche à qn
  j-m freie Hand lassen
couper la poire en deux
  sich einigen; sich auf halbem
  Wege entgegenkommen

5. Verhandeln

je ne crache pas dessus
  das nehm ich mit Kusshand
entendre raison, se faire une raison
  Vernunft annehmen
mener sa barque
  das Heft in der Hand haben
défendre son bifteck
  sich nicht die Butter vom Brot
  nehmen lassen
avoir plusieurs cordes à son arc
  mehrere Eisen im Feuer haben
avoir plusieurs fers au feu
  mehrere Eisen im Feuer haben
battre le fer tant qu'il est chaud
  das Eisen schmieden, solange es
  warm ist
examiner sur toutes les coutures
  auf Herz und Nieren prüfen
enfoncer des portes ouvertes
  offene Türen einrennen
retourner qn comme une crêpe
  j-n im Handumdrehen
  umstimmen
un succès bœuf
  ein Riesenerfolg
l'affaire est dans le sac
  die Sache ist unter Dach und Fach
avoir qc noir sur blanc
  etw schwarz auf weiß haben
jouer cartes sur table
  offenes Spiel spielen,
  mit offenen Karten spielen
donner sa parole
  sein Wort geben
tenir sa parole
  sein Wort halten

6. Preis und Kosten

à l'œil
  umsonst; gratis; ohne e-n Pfennig zu bezahlen
pour une bouchée de pain
  für ein Butterbrot
**ça ne met pas de beurre dans les
épinards**
  das macht den Kohl nicht fett
valoir son prix
  sein Geld wert sein
**trois cents francs et des
poussières**
  dreihundert Franc und ein paar
  Zerquetschte
se vendre comme des petits pains
  wie warme Semmeln weggehen
trouver son compte
  auf seine Kosten kommen
valoir le coup
  sich lohnen; der Mühe wert sein
faire moitié-moitié
  halbe-halbe machen
couper la poire en deux
  halbe-halbe machen
**cela ne se trouve pas sous le pas
d'un cheval**
  das ist kein Pappenstiel
valoir son pesant d'or
  sein Gewicht in Gold wert sein
ça coûte les yeux de la tête
  das kostet ein Vermögen
ne pas avoir de prix
  unbezahlbar sein
faire étalage de qc
  zur Schau stellen

1. Essen, Trinken, Schlafen

Den Hunger stillen

avoir l'estomac dans les talons
der Magen hängt einem in den Kniekehlen

danser devant le buffet
Kohldampf schieben

se rincer l'œil
Stielaugen machen

avoir une faim de loup
einen Bärenhunger haben

manger comme quatre
für drei essen

on ne vit pas de l'air du temps
von der Luft allein kann man nicht leben

vivre comme un coq en pâte
sehr verwöhnt werden; leben wie Gott in Frankreich

casser la croûte
einen Happen essen

manger sur le pouce
einen Happen zu sich nehmen

avoir les yeux plus grands que le ventre
die Augen sind größer als der Magen

à peine toucher à son assiette
kaum einen Happen essen

Wie man (nicht) genießt

vivre d'amour et d'eau fraîche
von Luft und Liebe leben

rester sur la bonne bouche
aufhören, wenn es am besten schmeckt

garder qc pour la bonne bouche
etw (das Beste) bis zuletzt, für den Schluss aufheben, -sparen

l'eau m'en vient à la bouche
das Wasser läuft mir im Mund zusammen

j'en ai l'eau à la bouche
mir läuft das Wasser im Mund zusammen

n'avoir rien à se mettre sous la dent
nichts zu knabbern haben

dévorer/ mordre à belles dents
mit gesundem Appetit essen; tüchtig reinhauen

avoir l'estomac bien accroché
es wird einem nicht so schnell schlecht

rester sur l'estomac
schwer im Magen liegen (auch fig.)

avoir un appétit d'oiseau
einen Appetit wie ein Vögelchen haben

faire bonne chère
gut speisen

se taper la cloche
sich den Bauch voll schlagen

vivre comme un coq en pâte
wie Gott in Frankreich leben

faire la noce
in Saus und Braus leben

il a les yeux plus grands que le ventre
s-e Augen sind größer als sein Magen

2. Über den Durst trinken

s'envoyer un petit verre
sich einen zu Gemüte führen

boire un coup
einen heben

avoir une sacrée descente
einen Stiefel vertragen können

boire un coup (verre) de trop
einen über den Durst trinken

boire d'un trait
ex trinken

boire cul sec
ex trinken

avoir du vent dans les voiles
  Schlagseite haben, betrunken sein
être gris
  blau sein
être beurré
  voll wie 'ne Hacke
avoir mal aux cheveux
  einen Kater haben
avoir un coup dans l'aile
  einen Affen haben
avoir la gueule de bois
  einen Kater haben
plein comme une huître
  voll wie eine Strandhaubitze
avoir un verre dans le nez
  zu tief ins Glas geschaut haben,
  einen in der Krone haben
cuver son vin
  seinen Rausch ausschlafen
payer une tournée
  eine Runde ausgeben
faire la java
  eine Sause machen
fumer comme un pompier
  wie ein Schlot rauchen
avoir la gueule de bois (pop)
  einen Kater haben
faire la bringue
  (mächtig) auf die Pauke hauen,
  tüchtig feiern
payer une tournée
  eine Runde ausgeben
faire la noce
  in Saus und Braus leben
j'en ai l'eau à la bouche
  mir läuft das Wasser im Mund
  zusammen

3. Schlafen, Träumen, Planen

dormir à poings fermés
  wie ein Murmeltier schlafen
dormir du sommeil du juste
  den Schlaf des Gerechten schlafen

dormir comme un ange
  wie ein Engel schlafen
dormir comme un bienheureux
  wie ein Murmeltier schlafen
faire la grasse matinée
  bis in den hellen Tag / in die
  Puppen schlafen
piquer un roupillon
  ein Nickerchen machen
dormir (tout) son content
  nach Herzenslust ausschlafen
dormir (tout) son soûl
  nach Herzenslust ausschlafen
dormir à la belle étoile
  bei Mutter Grün übernachten
dormir sur ses deux oreilles
  ganz ohne Sorge, ganz beruhigt
  sein
dormir du sommeil du juste
  den Schlaf des Gerechten
  schlafen
bâtir des châteaux en Espagne
  Luftschlösser bauen
tirer des plans sur la comète
  Luftschlösser bauen
**prendre ses désirs pour des
réalités**
  Wunschdenken
se reposer sur ses lauriers
  sich auf seinen Lorbeeren
  ausruhen
se mettre quelque chose en tête
  sich eine Idee in den Kopf setzen
avoir une idée derrière la tête
  sich eine Idee in den Kopf setzen
**il se croit sorti de la cuisse de
Jupiter**
  er glaubt, er sei der Kaiser von
  China
monter un coup
  einen Coup vorbereiten,
  planen, aushecken
ça m'a flanqué tout en l'air
  das hat alle meine Pläne über
  den Haufen geworfen

dormir comme une marmotte
  schlafen wie ein Murmeltier

4. Pech haben – Glück haben

ne pas avoir de veine
  Pech haben
il ne fera jamais fortune
  er wird auf keinen grünen Zweig
  kommen
tomber de Charybde en Scylla
  vom Regen in die Traufe
  kommen
**échanger un cheval borgne
contre un aveugle**
  vom Regen in die Traufe kommen
passer sous le nez
  durch die Lappen gehen
porter (malheur) bonheur
  (Unglück) Glück bringen
tomber de mal en pis
  vom Regen in die Traufe kommen
l'échapper belle
  noch einmal davonkommen; mit
  dem Schrecken, mit heiler Haut
  davonkommen
réussir un examen cahin-caha
  eine Prüfung mit Ach und Krach
  bestehen
c'était moins une
  das war fünf Minuten vor zwölf
s'en tirer de justesse
  mit knapper Not davonkommen
**à un poil près, il s'en est fallu
d'un poil**
  um ein Haar; um Haaresbreite
en être quitte pour la peur
  mit einem blauen Auge (dem
  Schrecken) davonkommen
s'en tirer à bon compte
  mit einem blauen Auge davonkommen
s'en tirer de justesse
  mit knapper Not davonkommen

retomber sur ses jambes
  auf alle viere fallen
retomber sur ses pieds
  auf die Füße fallen
essayer au petit bonheur
  auf gut Glück versuchen
au hasard
  aufs Geratewohl
risquer le tout pour le tout
  alles auf eine Karte setzen
tomber à pic
  wie gerufen kommen
venir à point nommé
  wie gerufen kommen
une bonne aubaine
  ein gefundenes Fressen
gagner le gros lot
  das große Los gewinnen
mettre (donner) dans le mille
  den Vogel abschießen
tirer le bon numéro
  das große Los ziehen
avoir une veine de pendu
  ein Mordsglück haben
avoir du pot
  Schwein haben
être né coiffé
  ein Sonntagskind sein
décrocher la timbale
  den Vogel abschießen
tirer le bon numéro
  das große Los ziehen
faire son beurre
  seine Schäfchen ins Trockene
  bringen

1. Zuhören und verstehen

entre quatre yeux
unter vier Augen
être tout yeux, tout oreilles
ganz Auge und Ohr sein
délier la langue de qn
j-m die Zunge lösen
dresser l'oreille
die Ohren spitzen
tirer les vers du nez de qn
j-m die Würmer aus der Nase ziehen
être tout oreilles
ganz Ohr sein
être suspendu aux lèvres de qn
an j-s Lippen hängen
n'écouter que d'une oreille
nur mit halbem Ohr zuhören
faire la sourde oreille
sich taub stellen; nichts hören wollen
il ne l'entend pas de cette oreille
davon will er nichts wissen; auf dem Ohr ist er taub

2. Reden

dire son fait, dire deux mots
j-m die Meinung sagen
de bouche à oreille
von Mund zu Mund
parler à voix basse / haute
mit leiser / lauter Stimme sprechen
dire de vive voix
mündlich mitteilen
en parler à son aise
gut reden haben
parler à cœur ouvert
frisch von der Leber weg sprechen
mettre les points sur les i
sich klar und deutlich erklären; es klipp und klar sagen

peser ses mots
seine Worte abwägen
parler à bâtons rompus
von diesem und jenem reden; Smalltalk machen
ne pas mâcher ses mots
kein Blatt vor den Mund nehmen
appeler un chat un chat
die Dinge beim Namen nennen
avoir la langue bien pendue
er ist nicht auf den Mund gefallen, redegewandt, zungenfertig sein
parler comme un livre
wie ein Buch reden
il n'a pas sa langue dans sa poche
er ist nicht auf den Mund gefallen
dire ses quatre vérités à qn
j-m die Meinung sagen
prendre au pied de la lettre
wörtlich nehmen
prendre qn au mot
j-n beim Wort nehmen
avoir la dent dure
e-e spitze Zunge haben; e-e spitze Feder führen;
il lui a demandé de but en blanc si ...
er überfiel ihn mit der Frage, ob ...
une prise de bec
(heftiger) Wortwechsel
vider son sac
sein Herz ausschütten
changer de disque
eine neue Platte auflegen
jurer ses grands dieux
Stein und Bein schwören
je l'ai sur le bout de la langue
es liegt mir auf der Zunge

3. Schwätzen

tenir la jambe à qn
j-n durch sein Gerede aufhalten

il me tient le crachoir
der sabbelt mich voll

en avoir plein la bouche
immer wieder darauf zu sprechen kommen, damit / davon
anfangen

mettre son grain de sel
seinen Senf dazugeben

ajouter toujours son grain de sel
seinen Senf immer dazugeben
müssen

ne pas tenir sa langue
den Mund nicht halten können;
nicht schweigen, dichthalten
können

c'est un moulin à paroles
der Mund steht ihm / ihr nie still;
er / sie redet wie ein Buch, wie
ein Wasserfall

**faire des coq-à-l'âne, passer /
sauter du coq à l'âne**
Gedankensprünge machen, vom
Hundertsten ins Tausendste
kommen

parler pour ne rien dire
leeres Stroh / leere Phrasen
dreschen

prononcer des paroles en l'air
leere Worte, leeres Geschwätz
machen

en faire tout un plat
sich lang und breit über etwas
auslassen

faire grand bruit (autour) de
viel Aufhebens von etw machen

raconter des histoires
Märchen erzählen

faire une montagne de qc
aus einer Mücke einen Elefanten
machen

raconter des salades
Ammenmärchen erzählen

bavard comme une pie
schwatzhaft wie eine Elster

en dire de belles
dummes, unglaubliches Zeug,
Blödsinn reden

crier qc sur les toits
etwas ausposaunen; an die
große Glocke hängen

**se répandre comme une traînée
de poudre**
sich wie ein Lauffeuer verbreiten

rebattre les oreilles à / de qn
j-m (mit etw) in den Ohren liegen

4. Der Wahrheit ausweichen

dire du bout des lèvres
gezwungen / widerstrebend /
widerwillig sagen

glisser un mot à l'oreille
etwas hinter vorgehaltener Hand
sagen, zuflüstern

admettre / rire du bout des lèvres
widerstrebend zugeben, lächeln

dire à demi-mots
durch die Blume sagen

à mots couverts
durch die Blume

**passer de la pommade à que
qu'un**
jemandem Honig um den Bart
schmieren

parler en l'air
leere Versprechungen machen

jurer mordicus
steif und fest behaupten

ton nez bouge / remue
ich sehe es dir an der Nasenspitze an, dass du lügst

n'y voir que du feu
sich hinters Licht führen lassen

**je te vois venir avec tes gros
sabots**
Nachtigall, ick hör dir trapsen

la bouche en cœur
scheinheilig; unschuldsvoll; mit
unschuldsvoller Miene

jeter de la poudre aux yeux
  Sand in die Augen streuen
mener quelqu'un en bateau
  j-m einen Bären
  aufbinden
mettre qn en boîte
  j-n auf den Arm nehmen
monter un bateau à qn
  j-m einen Bären aufbinden
promettre monts et merveilles
  goldene Berge versprechen
promettre la lune
  das Blaue vom Himmel lügen
tiré par les cheveux
  an den Haaren herbeigezogen
faire du cinéma
  Theater spielen, sich verstellen,
  etw vortäuschen
changer d'opinion comme de chemise
  seine Meinung wie sein Hemd
  wechseln
se parer des plumes du paon
  sich mit fremden Federn
  schmücken
faire prendre à qn des vessies pour des lanternes
  j-m ein X für ein U vormachen
mentir comme un arracheur de dents
  das Blaue vom Himmel herunter-
  lügen, lügen wie gedruckt
c'est du bidon
  das ist erstunken und erlogen
il ment comme il respire
  er lügt wie gedruckt

5. Nichts sagen, Schweigen

ne pas desserrer les dents
  den Mund nicht auftun,
  -machen; kein Wort / Sterbenswörtchen sagen

tenir sa langue
  s-e Zunge im Zaum halten; den
  Mund halten
ne pas souffler mot
  kein Sterbenswörtchen sagen
muet comme une carpe
  stumm wie ein Fisch
rester en travers de la gorge de qn
  j-m in der Kehle, im Hals stecken
  bleiben
la fermer
  den Mund halten
grommeler entre ses dents
  in s-n Bart brummen
avoir un filet de voix
  eine schwache, dünne Stimme
  haben
dire du bout des lèvres
  gezwungen / widerstrebend /
  widerwillig sagen
se mordre la langue
  sich auf die Zunge beißen
ne pas placer un mot
  nicht zu Wort kommen
as-tu avalé, perdu ta langue?
  kannst du deinen Mund nicht
  auftun?; hast du die Sprache
  verloren?
j'ai le mot sur le bout de la langue
  das Wort liegt mir auf der Zunge
faire rentrer à qn ses mots dans la gorge
  j-n zwingen, s-e Worte zurück-
  zunehmen;
couper la parole à qn
  j-m ins Wort fallen
clouer le bec à quelqu'un
  j-m das Maul stopfen
river son clou à qn
  j-m den Mund stopfen
on entendrait une mouche voler
  man könnte eine Stecknadel zu
  Boden fallen hören

6. Verallgemeinern, Verharmlosen

c'est clair comme l'eau de roche
das ist sonnenklar
c'est simple comme bonjour
klar wie Kloßbrühe
c'est chou vert et vert chou
das ist Jacke wie Hose
c'est kif-kif
Jacke wie Hose
c'est du pareil au même
das ist gehupft wie gesprungen
il n'y a pas de quoi fouetter un chat
danach kräht kein Hahn
revenir au même
auf dasselbe herauskommen
quand le vin est tiré, il faut le boire
wer A sagt, muss auch B sagen

7. Redewendungen für Wortgefechte

ce n'est pas la mer à boire
es wird überall nur mit Wasser gekocht
avoir plusieurs cordes à son arc
mehrere Eisen im Feuer haben
sans m'envoyer des fleurs
ohne mich selbst loben zu wollen
on peut les compter sur les doigts (de la main)
man kann sie an den fünf Fingern (seiner Hand) abzählen
c'est une goutte d'eau dans la mer
das ist ein Tropfen auf einem heißen Stein
Voilà le hic!
da liegt der Hase im Pfeffer!
c'est une autre paire de manches
das steht auf einem anderen Blatt

c'est une affaire classée
darüber ist längst Gras gewachsen, das ist ein alter Hut
vous enfoncez des portes ouvertes
Sie rennen offene Türen ein
voilà le revers de la médaille
das ist die Kehrseite der Medaille
mettre le doigt dessus
den Nagel auf den Kopf treffen
c'est bonnet blanc et blanc bonnet
das ist Jacke wie Hose, gehupft wie gesprungen
prendre pour argent comptant
für bare Münze nehmen
faire d'une pierre deux coups
zwei Fliegen mit einer Klappe schlagen
quand les poules auront des dents
wenn der Rhein brennt
c'est tiré par les cheveux
das ist an den Haaren herbeigezogen
il ne faut pas mélanger les torchons et les serviettes
man darf nicht alles in einen Topf werfen
vous expédiez cette affaire par dessus la jambe
Sie brechen diese Angelegenheit übers Knie
tu te mets / fourres le doigt dans l'œil
du bist auf dem Holzweg
vous cherchez midi à quatorze heures
Sie betreiben Haarspaltereien
il ne faut pas mettre tout le monde dans le même sac
man darf nicht alles in einen Topf schmeißen / über einen Kamm scheren

couper les cheveux en quatre
Haarspaltereien betreiben

c'est une arme à double tra chant
das ist ein zweischneidiges Schwert

couper l'herbe sous les pieds
den Wind aus den Segeln nehmen

une histoire à dormir debout
das sterbenslangweilig

cela ne casse rien
es ist nicht weit her damit

les chiens aboient, la caravane passe
die Hunde bellen, (aber) die Karawane zieht weiter

on ne peut pas faire d'omelette sans casser des œufs
wo gehobelt wird, fallen Späne

ce serait donner de la confiture aux cochons
das hieße Perlen vor die Säue werfen

vouloir ménager la chèvre et le chou
es mit keinem verderben wollen

faire une montagne de qc
aus einer Mücke einen Elefanten machen

vous faites fausse route
Sie sind auf dem Holzweg

ça ne tient pas debout
das ist nicht wasserdicht

c'est une querelle d'allemand
dies ist ein Streit um des Kaisers Bart

ce n'est pas de votre cru
das ist nicht auf Ihrem Mist gewachsen

c'est cousu de fil blanc
das ist fadenscheinig / ein Vorwand

cela n'a ni queue ni tête
es hat weder Hand noch Fuß

sans rime ni raison
ohne Sinn und Verstand

enfin ça fait tilt
endlich ist der Groschen gefallen

8. Redensarten für Konferenzen

c'est une goutte d'eau dans la mer
das ist nur ein Tropfen auf den heißen Stein

une vérité de La Palice
Binsenweisheit

être dans le coup
auf dem Laufenden sein

être au courant
auf dem Laufenden sein

revenons à nos moutons
zur Sache

remettre sur le tapis
aufs Tapet bringen

c'est du pareil au même
das ist gehupft wie gesprungen

mettre dans le mille
den Nagel auf den Kopf treffen

reprendre le dessus
die Oberhand gewinnen

ne pas y aller par quatre chemins
mit j-m kurzen Prozess machen

mettre tout dans le même sac
alles in einen Topf werfen

prêcher dans le désert
in den Wind reden, Prediger in der Wüste sein

mettre qn à la page
j-n ins Bild setzen

le prouver par A plus B
es unwiderlegbar beweisen

de fond en comble
von Grund auf

à la bonne franquette
(bei einer Einladung:) ohne Umstände

à tête reposée
mit (bei) klarem Kopf

revenir à la charge
nicht lockerlassen

tourner autour du pot
wie eine Katze um den heißen
Brei schleichen

retourner qn comme une crêpe
j-n vollkommen umstimmen

faire pencher la balance
den Ausschlag geben

se vendre comme des petits pains
wie warme Semmeln weggehen

être logé à la même enseigne
im gleichen Boot sitzen

**ne pas peser lourd dans la
balance**
nicht ins Gewicht fallen

c'est une autre paire de manches
das steht auf einem anderen
Blatt

le vent a tourné
das Blatt hat sich gewendet

dépasser les bornes
den Bogen überspannen

avoir son mot à dire
ein Wörtchen mitzureden haben

avoir voix au chapitre
(ein Wörtchen) mitzureden
haben

lâcher la bride
freien Lauf lassen

**faire contre mauvaise fortune
bon cœur**
gute Miene zum bösen Spiel
machen

renverser la situation
den Spieß umdrehen

faire du bruit
Staub aufwirbeln

étouffer qc dans l'œuf
etw im Keim ersticken

**se retrouver assis entre deux
chaises**
sich zwischen zwei Stühle setzen

une tempête dans un verre d'eau
ein Sturm im Wasserglas

mettre de l'eau dans son vin
zurückstecken, zurückrudern

couper les ponts
alle Brücken hinter sich
abbrechen

tâter le terrain
auf den Busch klopfen

ce n'est pas de la tarte!
das ist kein Honigschlecken

faire une croix dessus
in den Schornstein schreiben

avoir le dessous
den Kürzeren ziehen

c'est dans la poche
todsicher

c'est du tout cuit
das ist so sicher wie das Amen
in der Kirche / in trockenen
Tüchern

les arbres lui cachent la forêt
den Wald vor lauter Bäumen
nicht mehr sehen

couper l'herbe sous le pied de qn
j-m den Wind aus den Segeln
nehmen

être cousu de fil blanc
leicht zu durchschauen sein

ça ne tient pas debout
das ist nicht hieb- und stichfest

inventé de toutes pièces
von A bis Z erfunden

n'avoir ni queue ni tête
weder Hand noch Fuß haben

vendre la mèche
die Katze aus dem Sack lassen

acheter chat en poche
die Katze im Sack kaufen

9. Redensarten für Eltern und Erzieher

sonner les cloches à qn
j-m aufs Dach steigen

faire un sermon à qn
eine Gardinenpredigt halten
chercher la petite bête
ein Haar in der Suppe finden
avoir deux poids, deux mesures
mit zweierlei Maß messen
la coupe est pleine
das Maß ist voll
à la saint glinglin
am Sankt-Nimmerleins-Tag
la semaine des quatre jeudis
wenn Ostern und Pfingsten auf
einen Tag fallen
ce ne sont pas mes oignons
es ist nicht mein Bier
pas pour tout l'or du monde
nicht um alles in der Welt
je m'en bats l'œil
ich schere mich den Teufel darum;
das kümmert mich e-n Dreck
occupe-toi de tes oignons!
kehre vor deiner eigenen Tür!;
kümmere dich um deine eigenen
Angelegenheiten!
c'est la pagaille
alles geht drunter und drüber
un point, c'est tout!
und damit basta, Punktum!
sauf votre respect
mit Verlaub
tu n'y penses pas!
Das ist doch nicht dein Ernst!
qu'elle aille se faire voir ailleurs!
sie soll bleiben, wo der Pfeffer
wächst!
tu es cinglé!
du bist (wohl) nicht recht bei
Trost!
qu'est-ce qui te prend?
was ist in dich gefahren?
ça me fait une belle jambe
nichts davon haben
à la guerre comme à la guerre
das geht nun mal nicht anders,
man muss auch so zurecht-
kommen

coûte que coûte
koste es, was es wolle
c'est sens dessus dessous
das ist wie Kraut und Rüben
**il ne faut pas tenter le diable /
jouer avec le feu**
man soll nicht mit dem Feuer
spielen
**il ne faut pas être plus royaliste
que le roi**
man soll nicht päpstlicher als der
Papst sein
c'est peine perdue avec lui
bei ihm ist Hopfen und Malz
verloren
le plus dur est fait
das Gröbste ist geschafft
quelle mouche te pique?
was ist bloß in dich gefahren?
**ne vous mettez pas dans des
états pareils!**
regen Sie sich doch nicht so
auf!; kriegen Sie bloß keine
Zustände!
va te faire pendre ailleurs
leck mich am Arsch, geh zum
Teufel
(que) le diable l'emporte
der Teufel soll ihn holen
sans rire
Spaß, Scherz beiseite

10. Spontane Ausrufe

c'est à se mettre à genoux devant
das ist einfach herrlich, himmlisch
grand bien vous fasse
wohl bekomm's (iron.)
haut les cœurs!
Kopf hoch!
à la bonne heure
Gott sei Dank (na endlich)
laissez-moi rire!
dass ich nicht lache!
tu veux rire!
das ist nicht dein Ernst!

sans blague
 ich werde verrückt
ça dépasse l'entendement
 das geht auf keine Kuhhaut
par exemple
 na so was
c'est la fin des haricots
 jetzt schlägt's aber dreizehn
bonté divine
 du meine Güte
à Dieu ne plaise!
 Gott behüte!
c'est le comble
 jetzt schlägt's dreizehn
la mesure est comble
 das Maß ist voll
quelle sale boîte!
 so ein Saftladen!

1. Der Ortsfeste

faire le poireau
  sich die Beine in den Bauch
  stehen
ne plus y mettre les pieds
  keinen Fuß mehr in … setzen
prendre racine
  Wurzeln schlagen
faire le pied de grue
  sich die Beine in den Bauch
  stehen

2. Der Langsame

aller / marcher à pas de loup
  auf Zehenspitzen gehen
ne plus avoir de jambes
  vor Müdigkeit nicht mehr laufen
  können, kaum noch stehen können
marcher en file indienne
  im Gänsemarsch laufen
aller / marcher à la queue leu leu
  im Gänsemarsch laufen
lent comme un escargot
  langsam wie eine Schnecke
lent comme une tortue
  langsam wie eine Schnecke

3. Der Mobile

changer de décor
  die Tapeten wechseln
plier bagages
  sein Bündel schnüren
prendre ses cliques et ses claques
  seine Siebensachen packen
tourner comme un ours en cage
  wie ein Tiger im Käfig hin und
  her laufen
avoir disparu de la circulation
  von der Bildfläche verschwunden
  sein
mettre les bouts
  abhauen, türmen, verduften; sich
  auf die Socken machen

avoir la bougeotte
  kein Sitzfleisch haben
être sur le point de partir
  auf dem Sprung sein
être mis à la porte
  vor die Tür gesetzt werden
jouer la fille de l'air
  heimlich verschwinden
avoir quelqu'un à ses trousses
  j-n auf den Fersen haben
mettre les voiles
  sich davonmachen
partir / déménager à la cloche de bois
  sich heimlich davonmachen
  (ohne zu bezahlen)
se faire la belle
  abhauen
filer sans demander son reste
  stillschweigend weggehen
filer à l'anglaise
  sich auf Französisch empfehlen
partir sans tambour ni trompette
  sang- und klanglos verschwinden
rouler sa bosse
  ständig auf Achse sein
être toujours par quatre chemins
  ständig auf Achse sein
s'enfuir à toutes jambes
  Hals über Kopf davonlaufen,
  -rennen
prendre la poudre d'escampette
  das Hasenpanier ergreifen
partir la queue basse / entre les jambes
  Fersengeld geben
prendre les jambes à son cou
  die Beine in die Hand nehmen
tourner à plein régime
  auf vollen Touren laufen
foncer dans le brouillard
  blind drauflosstürzen
courir comme un dératé
  laufen, was das Zeug hält

1. Orte beschreiben

sur place
an Ort und Stelle

à deux pas d'ici
ein Katzensprung von hier

on ne voit pas âme qui vive
da sieht man keine Menschenseele

c'est le bout du monde
hier ist die Welt mit Brettern vernagelt

il n'y a pas un chat
keine Menschenseele / kein Mensch ist da

les quatre coins du monde
aller Herren Länder

loger au diable vert
am Arsch der Welt wohnen

2. Tag und Stunde

au point du jour
bei Tagesanbruch; im Morgengrauen

au petit jour
in aller Herrgottsfrühe

en plein jour
am helllichten Tage

entre chien et loup
in der Abenddämmerung

24 heures sur 24
rund um die Uhr

du jour au lendemain
über Nacht

l'heure H
die Stunde X

le jour J
der Tag X

3. «Ewigkeit»

tuer le temps
die Zeit totschlagen

trouver le temps long
die Zeit wird einem lang

de temps en temps (de temps à autre)
von Zeit zu Zeit

il y a belle lurette
es ist schon lange her

en fin de compte
letzten Endes, zu guter Letzt

un jour ou l'autre
über kurz oder lang

un de ces quatre
eines Tages

le moment venu
zu gegebener Zeit

prendre son temps
sich Zeit lassen (nehmen)

de mémoire d'homme
seit Menschengedenken

mettre un temps infini
eine halbe Ewigkeit brauchen

depuis un bon bout de temps
seit geraumer Zeit; seit e-r ganzen Weile

toucher à sa fin
zu Ende gehen

un beau jour
eines schönen Tages

cela arrive tous les trente-six du mois
das kommt alle Jubeljahre (einmal) vor

la semaine des quatre jeudis
am Sankt-Nimmerleins-Tag

au grand jamais (jamais de la vie)
nie und nimmer

à Pâques ou à la Trinité
wenn Ostern und Pfingsten auf einen Tag fallen; am Sankt-Nimmerleins-Tag

à la saint glinglin
wenn Ostern und Pfingsten auf einen Tag fallen; am Sankt-Nimmerleins-Tag

4. Schnelligkeit

ne pas y aller par quatre chemins
nicht viel Federlesens / Umstände machen, nicht lange fackeln

pousser comme de la mauvaise herbe
sich wie Unkraut ausbreiten

le plus tôt sera le mieux
je eher, desto besser

agir sur le champ
umgehend handeln

à tout bout de champ
alle Naselang

sur-le-champ
sofort, auf der Stelle

d'un moment à l'autre
jeden Augenblick

séance tenante
auf der Stelle

en un rien de temps
im Nu

appuyer sur le champignon
volle Pulle geben, Gas geben

il est moins une
es ist höchste Zeit

il est grand temps
es ist höchste Zeit

rapide comme le vent
geschwind wie der Wind / flink wie ein Wiesel

en un tournemain
im Handumdrehen

il faut se grouiller
es ist höchste Eisenbahn

rapide comme un éclair
schnell wie der Blitz

5. Das Wetter

le fond de l'air est frais
die Luft selber ist kühl

il gèle à pierre fendre
es friert Stein und Bein

on a la chair de poule
eine Gänsehaut haben

ça me donne la chair de poule
das jagt mir eine Gänsehaut über den Rücken

un froid de loup / de canard
eine lausige Kälte

un brouillard à couper au couteau
undurchdringlicher, dichter, dicker Nebel

il fait un vent à décorner les bœufs
es stürmt fürchterlich

trempé comme un canard
pudelnass

il pleut des cordes
es regnet Bindfäden

il pleut / il tombe des hallebardes
es gießt in Strömen, wie aus mit Eimern / Kübeln; es regnet Bindfäden

on est mouillé / trempé jusqu'aux os
nass bis auf die Haut

trempé comme une soupe
nass wie ein Pudel

il pleut comme vache qui pisse
es schifft gewaltig

un temps à ne pas mettre un chien dehors
ein Wetter, bei dem man keinen Hund vor die Tür jagt

quel temps de chien
was für ein Sauwetter

armé jusqu'aux dents
bis an die Zähne bewaffnet

avoir vent de qc
Wind von etwas bekommen
haben, Lunte riechen

briller comme un sou neuf
funkelnagelneu sein

cela arrive tous les trente kommt
alle Schaltjahre (einmal) vor

passer une nuit blanche
eine schlaflose Nacht verbringen

ne dormir que d'un œil
halbwach sein

ne pas fermer l'œil de (toute) la nuit
die ganze Nacht kein Auge
zutun

sans trêve ni repos
ohne Rast und Ruhe

mener une vie de bâtons de chaise
ein ausschweifendes Leben, Lotterleben führen

faire les quatre cents coups
sich austoben

cela ne me paraît pas très catholique
das kommt mir spanisch vor, das
finde ich verdächtig

connaître qc comme sa poche
etw wie seine Westentasche kennen

donner en mille à qn
j-n raten lassen

donner sa langue au chat
es (das Raten) aufgeben

droit comme un i
kerzengerade

dur comme du bois
hart wie Granit

en apprendre de belles
schlimme Dinge erfahren über j-n

en chair et en os
in Fleisch und Blut

en voir trente-six chandelles
Sterne sehen, (durch einen hefti-
gen Schmerz) benommen,
betäubt sein

enfourcher son dada
sein Steckenpferd reiten

ennuyeux comme la pluie
sterbenslangweilig

envoyer qn au diable
j-n zum Teufel jagen

être dans le vent
mit der Zeit gehen

être plus royaliste que le roi
päpstlicher als der Papst sein

faire des frasques
über die Stränge schlagen

faire faux bond
j-n im Stich lassen / versetzen

faire fi de qc
etw in den Wind schlagen

faire le trottoir
auf den Strich gehen

fausser compagnie
j-n plötzlich verlassen / sitzen
lassen

fourrer son nez partout
seine Nase überall hineinstecken

froid comme la glace
eiskalt

grand comme un mouchoir de poche
groß wie eine Briefmarke /
Handtuch

il crie comme si on l'écorchait
er schreit wie am Spieß

il y a da grabuge
da ist der Teufel los

laissser tomber qn
j-n im Stich lassen

léger comme une plume
leicht wie eine Feder, federleicht

les dés sont jetés
die Würfel sind gefallen

libre comme l'air
frei wie die Vögel in der Luft

lire entre les lignes
zwischen den Zeilen lesen
mettez-vous ça dans la tête
sich etw hinter die Ohren
schreiben
mettre qc sur le dos de qn
zur Last legen, in die Schuhe
schieben
mettre qn sur la voie
j-m auf die Sprünge helfen
mon petit doigt me l'a dit
mein kleiner Finger sagt mir das
montrer les dents
die Zähne zeigen
ne pas courir les rues
dünn gesät sein
ne pas savoir où donner de la tête
alle Hände voll zu tun haben
ne pas sourciller
mit keiner Wimper zucken
faire noir comme dans un four
finster wie die Nacht, stockfinster
pas de fumée sans feu
von nichts kommt nichts
payer les pots cassés
die Zeche bezahlen
Pierre et Paul
Hinz und Kunz
plein comme un œuf
randvoll
pousser les hauts cris
Zeter und Mordio schreien
prendre fait et cause pour qn
für j-n eine Lanze brechen
prendre qc au tragique
sich etw zu Herzen nehmen
prendre qc pour argent comptant
etw für bare Münze halten
prendre qn la main dans le sac
j-n auf frischer Tat ertappen
prendre son courage à deux mains
sich ein Herz fassen
propre comme un sou neuf
funkelnagelneu

pur comme le cristal
kristallklar
rayer qc de ses tablettes
sich etw aus dem Kopf schlagen
remuer ciel et terre
Himmel und Hölle in Bewegung
setzen
rentrer au petit matin
bei Tagesanbruch zurückkehren
sauter aux yeux
in die Augen springen
se fourrer dans un guêpier
in ein Wespennest stechen
se mettre dans de beaux draps
in Teufels Küche kommen
se précipiter dans la gueule du loup
sich in die Höhle des Löwen
wagen / begeben
se trouver nez à nez avec qn
j-m in die Arme laufen
secouer qn comme un prunier
kräftig schütteln, beuteln
s'en laver les mains
die Hände in Unschuld waschen
serrer les dents
die Zähne zusammenbeißen
siffler comme un merle
pfeifen wie ein Zeiserl, gut pfeifen können
solide comme un roc
felsenfest
tant et plus
wie Sand am Meer
tenir à qc comme à la prunelle de ses yeux
wie seinen Augapfel hüten
tuer le temps
die Zeit totschlagen
vivre avec son temps
mit der Zeit gehen
voler de ses propres ailes
auf eigenen Füßen stehen